Les Lais
de Marie de France

European Masterpieces
Molière & Co. French Classics Nº 7

General Editor: TOM LATHROP
                        University of Delaware

French Series Editor: THEODORE E. D. BRAUN
                        Unidversity of Delaware

Les Lais

Marie de France

Edited and with notes by
Beth Droppleman

Molière & Co.
NEWARK DELAWARE

On the cover: *Lancelot and Guinevere* by Herbert James Draper (1864-1920)
©Private Collection/ Photo © Bonhams, London, UK/ The Bridgeman Art Library

FIRST EDITION

Copyright © 2007 by European Masterpieces
270 Indian Road
Newark, Delaware 19711
(302) 453-8695
Fax: (302) 453-8601

MANUFACTURED IN THE UNITED STATES OF AMERICA

ISBN 978-1-58977-045-4

Table of Contents

Acknowledgments

I am grateful to Tom Lathrop and Ted Braun, Editors of Molière&Co., not only for their feedback, guidance, and motivation in support of this project, but also for their significant contribution to our profession by making affordable, student-friendly editions of French texts available for classroom use.

Many thanks are due to my dear colleague E. Joe Johnson, Associate Professor of French and Spanish at Clayton State University, whose recommendation to Molière&Co. and whose assistance with the introductory materials I greatly appreciate. For her ongoing mentoring and friendship, I thank Paula Shirley, Professor of Spanish at Columbia College. If she had not gone to bat for me, this edition would still be in the works. I am grateful to Graduate Research Professor at the University of Florida William C. Calin whose expert teaching approach inspired in me an appreciation for the transgressive quality of medieval literature. I strive to meet the high standard he has set and to pass along his legacy to my own students.

I would also like to acknowledge Wayne Grovenstein who may never fully know what his unflagging support means to me. Finally, to Isabelle and Charlotte, who patiently awaited the completion of this edition, now it is playtime.

To Patricia Gentry Droppleman,
a scholar and humanitarian
who has inspired many
to worthwhile endeavors.

To the Student

WHO WAS MARIE DE FRANCE?

WE KNOW LITTLE ABOUT Marie de France. Seeking her identity has been an adventure for scholars, but the mystery remains largely unsolved today despite extensive academic inquiry and speculation. Indeed, our primary source of information about her comes from her own writings. Two works, in addition to the *Lais*,[1] are widely attributed to her: *The Purgatory of Saint Patrick*[2] and *Fables* in which she announces, "Marie a num, si sui de France"/"Marie is my name and I am from France."[3] This inscription in the *Fables*, and mention of herself as author in the other two texts, makes her the first documented female poet in the history of French literature. On the basis of this literary production, we can discern Marie's high level of education, which is evident in her writing's quality, her references to translating from Latin, and her familiarity with Ovid and other classical texts. She almost certainly hailed from an aristocratic family.[4]

Although her texts were composed in Old French and although she

---

[1] The 12 *lais*, their prologue, and the sole complete copy of her fables were preserved at the British Museum in the Harley Manuscript (BN MS Harley 978). Portions of the *Lais* also appear in other manuscripts.

[2] Marie de France. *Das Buch vom Espurgatoire S. Patrice der Marie de France.* Warnke, K, Ed. Halle, 1938. Marie de France. *L'Espurgatoire Seint Patriz.* Trans. Yolande de Pontfarcy. Louvain: Peeters, 1995.

[3] Marie de France. *Fables.* Ewert, A. and R. C. Johnson. Oxford UP: 1942. *Marie de France: Les Fables.* Trad. Charles Brucker, Louvain: Peeters, 1991.

[4] Citing the great unlikelihood that a medieval woman would have such an education and the means to write, some scholars dispute the generally-accepted notion that the author of the *Lais* was female.

was most likely from the Île-de-France, Marie probably lived in England at the court of Henry II Plantagenet at the time of the composition of the *Lais* around 1170. Why didn't she write the *Lais* in English? A century earlier, after the Battle of Hastings in 1066, the heirs of the Norman Duke William the Conqueror ruled Great Britain. At the height of their power, they were also the lords of nearly half of medieval France, an area of influence that modern scholars came to call the Angevin Empire. Dispossessing the Saxon nobility, the Normans assumed almost all of the positions of power in the nobility and clergy in England, and their dialect of medieval French became the language of the aristocracy for several hundreds of years. In the meantime, French itself was becoming the dominant language of secular European literature in an era when most texts were still being written in Latin.

ABOUT THE *LAIS*

The twelve *Lais* you have in this edition are part of an extraordinary explosion of myths and legends produced during the Medieval and Renaissance periods. The *Lais* are traditionally categorized by scholars as the *matière de Bretagne,* that is, narratives connected to Celtic myths and to tales of King Arthur and his knights. Marie de France holds a privileged place in this literary tradition and not merely due to her sex, but by virtue of her poetic innovation. Inspired by harp-accompanied songs of adventure known as *lais,* or "lays" in Old French and modern English, she developed a literary form also called a *lai*: a short tale or narrative commemorating an adventure. This poetic form would be popular from the late twelfth century into the mid-thirteenth century. Marie composed her verse in rhyming octosyllables, although the text featured in this edition is a non-rhyming translation from the Old French.[5]

In reading the tales, you will notice that occasionally Marie gives the

---

[5] To get a sense of what reading Marie's *Lais* in rhyming verse might have been like, refer to Judith P. Shoaf's skillful rendering of 8 lays into English rhyme. Shoaf, Judith P. *The Lais of Marie de France: A Verse Translation.* http://web.english. ufl.edu/exemplaria/ intro.htm 1.

reader English and Breton translations for her titles, as in *Le Laüstic*. The many geographical references in the *Lais* seem to indicate that the author had a personal knowledge of England and South Wales. Or, perhaps these geographical and linguistic references are only a literary device invoked to convince the reader of the veracity of her tales, to plant her stories firmly in the oral tradition of the *lais bretons*. In either case, Marie's references to legendary places like Caerwent and Avalon serve to remind the reader that the intention is to attribute this folklore to the noble Britons.

Courtly Love

Whatever their setting, Marie's texts helped give voice to new literary and social concerns, especially with respect to the notion of "adventure" and the place of women in society. The literary production of her era differs significantly from the early twelfth-century epic tales of northern France, which extolled exemplary men's glorious exploits in battle and war and which made scant mention of women. The second half of the century, however, saw the birth of a popular new genre, the *romance*, which extolled a new social, literary code.[6] Marie's predecessor Chrétien de Troyes, a mid-12th century romance writer, is a fine example of those poets who helped shift literary discourse to a focus on exemplary knights who, in their service to women, epitomized generosity, self-sacrifice, gallantry, and courteous behavior in their quests for adventure. The innovation was that quests for love, more often than not, were the primary adventure. Chrétien and Marie de France's works, composed for recitation at aristocratic gatherings, featured Celtic myths and tales of King Arthur and the Round Table and were vehicles for the code of *amour courtois*, or "courtly love."

The philosophy of courtly love originated with troubadour poets in

---

[6] Unlike the current-day connotations of the term "romance," the 12th century meaning derived from the Latin *romanz*, referring to literature in the vernacular language in France. The Spanish and Italians were still writing in Latin at that time.

the southern French regions of Aquitaine and Provence in the eleventh century. Mimicking the lord and vassal feudal arrangement, the elaborate code of what they called *"fin 'amor"* cast the courtly lover as an abject slave in faithful service to a lady of higher social station who, incidentally, was not his wife. Courtly love was perceived as threat by both the aristocracy and the clergy for its challenges to social norms: adulterous lovers often consummate their passion in Marie's stories. This extramarital sexual transgression was condemned by the aristocracy less on moral grounds than for its threat to a noble family's lineage: the possibility of an illegitimate heir. For the clergy, who had a stake in casting the libido as wicked, seeking pleasure in an adulterous union was wrong. Sexual pleasure for a woman was doubly wrong; sex was only meant for procreation.

Do not be mislead by the idea that courtly love was seen as threatening. The idea that a woman's place was on a pedestal and that a man's *raison d'être* was to worship her, did little to improve the lot of actual medieval women. If courtly love did not change much for individuals living in the Middle Ages, it certainly had some impact on the mindsets and customs of nobles, and over the centuries its influence had a profound impact on Western thought and feeling.

Marie's *Lais* are clearly marked by courtly ideals. For instance, Marie describes her characters with a laundry list of courtly characteristics, as if they were stock descriptions. Each lady is courtly, comely, and refined; each knight is generous, loyal, and known for his prowess. However, once she sketches this somewhat standard courtly portrait, she then begins recounting her own particular tales of the trials and tribulations of love involving knights, ladies, and marvelous creatures. Weaving together *amour courtois*, Celtic-inspired tales, and aspects of the Latin tradition, she avoids slavishly promoting the highly prescriptive codes catalogued a decade later by André le Chaplain in his 1185 treatise, *Book of the Art of Loving Nobly and the Reprobation of Dishonorable Love*. You will find that she speaks with her own particular voice in her tales of courtly love, reinterpretations of legends, and implicit questioning of the fate of women doomed to unhappy, arranged marriages.

LIFE IN THE MIDDLE AGES

In the Middle Ages, adolescent girls of the nobility had little or no voice in their marriages. As though they were chattel, they were often forced into marriages with men twice their age in order to seal alliances, to advance familial and business interests, and to assure *la descendance,* or lineage, of noble families. Modern popular culture usually shows the medieval knight to be generous and loyal, always fighting on the side of justice, aiding damsels in distress, defending poor peasants against the predations of evil knights and lords. Marie contributes to this notion by portraying knights as exactly that. In reality, medieval knights usually went adventuring for only about one month a year. Most of the time they filled the roles of tax collector, mafia-like brigand, and/or magistrate, imposing order, collecting fines from the non-compliant, and deciding questions of justice brought before them. Nobles were the privileged few. The vast majority of Europeans did not enjoy the prerogatives of this group: legal rights, power to invoke the law and to punish, and to collect income from taxes and property. By and large, medieval people lived in abject poverty and existed at the whim of their masters and Church.

QUESTIONS FOR FURTHER DEVELOPMENT

There are several themes running through the *lais.* As you read the stories, identify the kind of adventure within which each tale falls; which ones recount stories exalted or condemned adulterous love, impossible love, eternal love, supernatural adventure, wish-fulfillment fantasy, mistaken identity or *démesure* (excessive or immoderate behavior)? What is the role played by fathers, mothers, *médisants* (slanderers), lords, vassals, clergy, and the lovers themselves? What is the social status of each of the people in the adulterous triangle? What other relationships compete with amorous love? What does it mean for something to be supernatural? What is the role of magic in each story? Is magic cast as benevolent or malevolent? What is its source? Who is portrayed as good and who as evil? How and Why? What other motifs can you identify in the *Lais*?

BIBLIOGRAPHY FOR MARIE DE FRANCE

Bloch, R. Howard. *The Anonymous Marie de France*. Chicago: University of Chicago Press, 2003.

Burgess, Glyn S. *Marie de France: An Analytical Bibliography*. London: Grant & Cutler, 1977. Supplement 1. London: Grant & Cutler, 1986. Supplement 2. London: Grant & Cutler, 1997.

——— . *Marie de France: Text and Context*. Athens: University of Georgia Press, 1987.

Burgess, Glyn S. and Keith Busby. *The Lais of Marie de France*. New York: Viking Penguin, 1986.

Ewert, Alfred, Ed. *Lais*. Oxford: Blackwell, 1944.

Gaunt, Simon. *Retelling the Tale: An Introduction to Medieval French Literature*. London: Duckworth, 2001.

Harf-Lancner, Laurence, Trans. *Lais de Marie de France*. Paris: Lettres Gothiques (Livre de Poche), 1990.

Ménard, Philippe. *Les Lais de Marie de France*. Paris: Presses Universitaires de France, 1979.

Mickel, Emanuel J. Jr. *Marie de France*. New York: Twayne, 1974.

Rychner, Jean, Ed. *Les lais de Marie de France*. Paris: Champion, 1983.

Shoaf, Judith P. *The Lais of Marie de France: A Verse Translation*. http://web.english.ufl.edu/exemplaria /intro. html. Gainesville: 1991-1996.

Terry, Patricia A. *The Honeysuckle and the Hazel Tree*. Berkeley: University of California Press, 1995.

Improving Comprehension

The goal of this classroom edition of the *Lais* is to help you, through the act of reading, to build your French communication skills, your knowledge of French culture, and your understanding of French by comparing it to English. You might be pleasantly surprised to realize that reading in French will also help improve your English vocabulary, which will not only impress your English professors, but can have a positive effect on verbal scores for standardized tests like the GRE.

Reading texts containing language not too difficult for your level improves your vocabulary, grammar, and fluency skills. If this is your first experience with authentic French texts of more than two or three pages, you may feel daunted by the amount of new vocabulary and grammar you will be reading. Do not despair. This edition has been created to make some of the new material's meanings more transparent and to help you transition from shorter readings in French to more lengthy works of literature.

This text contains twelve tales in Modern French and many supplementary materials to help you read with greater comprehension and fluency. English translations for terms that might be unfamiliar to you are listed in the margins of stories. Footnotes contain translations of longer, more difficult phrases, cultural information, and geographical location for regions in France and Great Britain. If you come across an unknown word as you are reading, you can quickly look it up in the French-English glossary at the back of the text. Other materials included in the edition to help you comprehend the *Lais* are a brief introduction to the author Marie de France, the medieval era in France, and her literary production. A short bibliography of essential sources is also provided. The following pages also contain some information about the derivation of French lexical items, and an overview of various pronouns that can be difficult for learners.

Remember that your knowledge of English will help you read the *Lais* with good understanding and accuracy. This translation of the *Lais* from their original Old French into Modern French uses many cognates (words with similar meanings and spellings in French and English) that should be familiar to you. From the time of the Norman Conquest of English in 1066 to several hundred years later (including the time when Marie de France was writing), French was the dominant language of the European aristocracy; British nobles spoke French. During this time, many French words were borrowed into English. Some estimate that up to 40% of English words derive from French. For this reason, guessing at meanings of unfamiliar words based on similar looking or sounding words in English is often a reliable strategy.

Another aspect of these tales that makes them an ideal choice for second language learners of French is that Marie de France repeats many vocabulary words from one story to the next. Repetition will help you reinforce the new vocabulary you have learned. Her tendency to use some of the same vocabulary also explains why the first three lays contain many more French-English glosses than the other nine. Even though there is repetition in vocabulary, it is also important to read each story over and over until the reading, and meaning, flows naturally. Try reading aloud; this can also help you make sense of sentences.

The ultimate goal of this student edition is to reduce the amount of time you spend searching terms in a dictionary so you can use that time in more productive ways: rereading the lays several times to help you become more fluent, analyzing the art of Marie's storytelling, making connections between the *Lais* and other literary texts that you have read, and simply enjoying the stories.

GRAMMAR POINTERS

Certain grammatical features consistently pose problems for Anglophone learners of French. The items in this grammar reference, participles and pronouns, are among them. This section is meant to be used as a quick guide to help you understand the use, formation, and meaning of participles and pronouns. At the risk of oversimplification, I have included only the most general rules. For an exhaustive explanation, please refer to a comprehensive source like Maurice Grevisse's *Le Bon usage*.

PRESENT PARTICIPLES

Understanding patterns of word formation for parts of speech like present and past participles can help you make educated guesses about meanings of unknown words. The Lais contain many instances of present and past participles. Paying attention to participles will help you learn new adjectives, nouns, and adverbs derived from them. In both French and English, participles derive from verbs and have similar meanings and functions. The four uses in French are:

1) as a verb form

> il était là *cherchant* comment il pourrait la voir
> *he was there, **looking for** a way to see her*

2) as a gerund when it follows **en**, equivalent to the English verbal form
   -*ing*

   > Pour la joie qu'il a eue en *revoyant* son amie
   > *For the joy he felt in **seeing** his friend once more*

3) as an adjective, like **intéressant** (*interesting*), the present participle of
   the verb *intéresser.*

4) as a noun, as in **l'étudiant** (*the student*), from **étudier.**

To form the present participle, take the first person plural **nous** form
of the present tense, drop the –**ons** ending and add –**ant**, as illustrated in
the examples below:

INFINITIVE	PRESENT NOUS, DROP –**ons**	ADD –**ant**	ENGLISH EQUIVALENT
parler	**parlons, parl-**	**parlant**	*speaking*
finir	**finissons, finiss-**	**finissant**	*finishing*
rendre	**rendons, rend-**	**rendant**	*making*

All present participles are formed in the same way, with three
exceptions: **avoir (ayant)**, **être (étant)**, and savoir (**sachant** when used as
a present participle; *savant* when used as an adjective).

PAST PARTICIPLES
Past participles also have several uses. They are very frequently encoun-
tered in spoken and written French:

1) Combined with auxiliary verbs, they form the composed tenses and
   modes (*passé compose, plus-que-parfait, future antérieur passé antérieur,
   conditionnel passé, subjonctif passé,* etc.). For example, for the infinitive
   dépenser (to spend), the past participle is dépensé:

PASSÉ COMPOSÉ:　　　j'ai dépensé
　　　　　　　　　　　I spent

2) Combined with *être* , they make up the passive voice:

PASSIVE VOICE:　　　l'argent a été dépensé
　　　　　　　　　　　the money was spent

1.　They serve as adjectives.

ADJECTIVE:　　　　argent dépensé
　　　　　　　　　　money spent

　Past participles are derived from infinitives. Many follow a regular pattern in French.

FOR VERBS ENDING IN…	PAST PARTICIPLES END IN…	PAST PARTICIPLES
–er, like **parler**	**–é**	**parlé**
–ir, like **finir**	**–i**	**fini**
–re, like **vendre**	**–u**	**vendu**

　Irregular past participles are common and they must be memorized, but the frequent reoccurrence of common past participles in the following stories will tie them to a context that will help you remember them more easily. Irregular past participles (those that do not follow the above patterns) are given in the index at the back of this book. They are in parentheses next to the verb infinitive.

　Keep in mind that lexical derivation occurs frequently in French. Many nouns can be formed by adding an article to past participles and in adjusting the ending slightly, as in:

le dépensier　　*one in charge of food distribution or spending*
le vendeur　　*one who sells; a vendor*

　As you pay more attention to the patterns of word formation, you will notice that in French nouns, verbs, adjectives, and adverbs often share common roots. Words with the same root can have similar, but distinct meanings, as in the following examples:

la hâte	NOUN	*haste, urgency*
hâter	VERB	*to act hastily, to quicken*
se hâter vers	REFLEXIVE VERB	*to rush toward*
hâtivement	ADVERB	*zealously, hastily*

PRONOUNS

A pronoun is a word that replaces a noun. Pronouns are used to make sentences less repetitive, but also to clarify who is speaking about what to whom. Their placement and meaning can be difficult for learners of French who have not had extensive input via reading or listening. The *Lais* contain many instances of subject, object and relative pronouns. To maximize comprehension and to help you acquire contexts for pronoun usage, it is important to attend to *when* and *how* they are used. We have given English translations for several pronouns found in *Chèvrefeuille*, the first story you will read. This has been done to remind you to pay attention to pronouns and to encourage you to refer back to these explanations when you have difficulty tracing a pronoun back to its referent.

RELATIVE OBJECT PRONOUNS

Relative pronouns are used to avoid repetition by joining two sentences. You will not have to look far in the *Lais* to find several different types of relative pronouns. Here are some examples taken from the first page of the lai *Chèvrefeuille*:

1) **qui** replaces the grammatical subject of a sentence:

> de vous conter une histoire qui me plaît
> *to tell you a story that pleases me*

Qui replaces **une histoire**, the subject that goes with **me plaît**.

2) **que** replaces a grammatical object:

> c'est la version fidèle que je vous explique
> *it's the true version that I am explaining*

Que replaces **la version fidèle**, the direct object of **je vous explique**.

3) **où** replaces a location or period of time:

> au sud du Pays de Galles, où il est né
> *in the south of Wales, where he was born*

Où replaces **Pays de Galles**, the object of **il est né**.

4) **dont** replaces an object of preposition **de**:

> de leur amour qui était si parfait, dont ils ont eu maintes douleurs
> *about their love that was so perfect, from which they got great pain*

Dont replaces **de leur amour**, the object of **ils ont eu maintes douleurs**.

5) For all prepositions besides **de**, a form of lequel (**lequel, laquelle, lesquels**, or **lesquelles**) is added to the preposition. Lequel must agree is number and gender with its antecedent.

> l'amie de mon seigneur, celle pour laquelle il s'afflige tellement
> *the friend of my lord, the one for whom he is suffering so much*

Pour laquelle (feminine singular) replaces the antecedent **l'amie** (feminine singular noun).

> les encensoirs avec lesquels on encensait cette tombe
> *the incense burners with which they perfumed her tomb*

Avec lesquels (masculine, plural) replaces the antecedent **encensoirs** (masculine plural noun).

6) When an antecedent is unknown or unclear, the relative pronoun is preceded by **ce**. The English equivalent is of **ce qui, ce qui, ce dont**, etc. is *what*.

> Le chevalier était très affligé de ce qui s'était passé
> *The knight was afflicted by what had happened*
> Si elle a senti ce que je ressens
> *If she felt what I was feeling*

PERSONAL AND REFLEXIVE PRONOUNS
Subject Pronouns
A subject pronoun replaces subjects of a sentence. Of all the pronouns, you are most familiar with these since they occur frequently.

SUBJECT PRONOUNS	SINGULAR	PLURAL
FIRST PERSON	je (I)	nous (we)
SECOND PERSON	tu (you informal)	vous (you formal or plural)
THIRD PERSON	il (he, it) elle (she, it) on (one, we, you, they)	ils (they masculine) elles (they feminine)

Direct Object Pronouns: no preposition + person/object
A direct object is an object that follows the verb directly, that is, without a preposition. People and things that are direct objects are replaced by the following pronouns:

DIRECT OBJECT PRONOUNS	SINGULAR	PLURAL
FIRST PERSON	me* (me)	nous (us)
SECOND PERSON	te* (you informal)	vous (you formal or plural)
THIRD PERSON	le (him, it) la* (her, it)	les (them)

*m', t', and l' are used when the word following them begins with a vowel.

Examples of usage in the *Lais*:

il a banni Tristan.	il l'a banni.
	he banished him.
après avoir vue la dame	après l'avoir vue
	after having seen her
leurs hommes ont suivi les maîtres	leurs hommes les ont suivis
	their men followed them

[NOTE: direct objects that precede the verb must agree in number and gender with the past participle in the composed tenses, hence the "e" added to **vu** and the **s** added to **suivi**].

Indirect Object Pronouns: preposition à + person
Me, te, lui, leur, nous, and **vous** replace indirect objects when **à** is followed by a referent that is a person. (Note that **à** + a thing is replaced by **y**).

INDIRECT OBJECT PRONOUNS	SINGULAR	PLURAL
FIRST PERSON	me* (me)	nous (us)
SECOND PERSON	te* (you informal)	vous (you formal or plural)
THIRD PERSON	lui (him, her)	leur (them)

*m' and t' are used when the word following them begins with a vowel.

Examples of usage in the *Lais*:

elle lui avait dit	je vais vous dire
she had told him (Tristan)	*I am going to tell you*
je vous ai dit	elle leur donnait des gages
I told you	*she gave them*

Reflexive Pronouns

Reflexive prnouns are used in proniminal verbs (like **s'appeler** and **s'habiller**) and in passive impersonal constructions. These pronouns always agree with subjects, not objects, of sentences.

	singular	plural
first person	me*	nous
second person	te*	vous
third person	se*	se*

*m', t', and s' are used when the word following them begins with a vowel.

Examples of usage in the *Lais*:

je ne m'arrêterai pas	les amants se sont si bien comportés
I will not stop	*the lovers acted so valiantly*
il s'est beaucoup réjoui	les cris se sont levés
he really rejoiced	*cries rose up*

The Quantity Pronoun **en***: de/quantity + object*

En replaces objects, things and places preceded by **de.** It also replaces expressions of quantity (including numbers) and the partitive article (**du, de la, de l', des**). It does not replace people unless one is referring to quantities of people.

Examples of usage in the *Lais*:

ils sont morts de leur amour	ils en sont mort
	they died from it
il serait bien affligé des nouvelles	il en serait bien affligé
	he would be afflicted by it

Other examples:

j'ai vu 200 hommes   j'en ai vu 200

> *I saw 200 of them*

nous avons rencontré beaucoup de gens	nous en avons rencontré beaucoup *we met lots of them*

*The Place Pronoun **y**: preposition (not **de**) + place or thing*
In general, **y** is used to replace objects, places or things but not people, preceded by a preposition other than **de**.

Examples of usage in the *Lais*:

elle a couru vers l'église	elle y a couru *she ran towards it*
il voulait tenir cour à Tintingel	il voulait y tenir cour *he wanted to hold court there*

Disjunctive/Stressed Pronouns
Stressed pronouns can be confusing since they are use in so many different contexts. Keep in mind that they always refer to people, not things.

Disjunctive Pronouns	Singular	Plural
First person	**moi** (me)	**nous** (us)
Second person	**toi** (you informal)	**vous** (you formal/plural)
Third person	**lui** (him) **elle** (her) **soi** (oneself)	**eux** (them, masculine) **elles** (them, feminine)

Most often disjunctive pronouns are used following prepositions (except **à**—see indirect object pronouns) like **sans, avec, pour, contre, avant, après,** and **de**.

Examples of usage in the *Lais*:

il a appris des pauvres	il a appris d'eux he learned from them (poor people)
il a vécu avec sa dame	il a vécu avec elle

he lived with her

Whereas English speakers emphasize subjects of sentences with vocal inflection, French speakers use stressed pronouns preceding subjects as in

et moi, je serais blâmée   and *I* would be blamed

and after **c'est** or **ce sont** as in

c'est vous qui devez...   you are the one who must...

Stressed pronouns are also used when a sentence has more than one subject or object.

la dame et lui étaient contents   the lady and he were happy

They also follow the preposition **à** in a limited number of expressions like **être à, penser à, faire attention à:**

nous pensons souvent **à eux**   we often think **about them**
ce livre est à moi   this book is mine

They are used to ask and answer questions.

Je vais bien, et toi?   I'm fine, and you?
Qui va bien aujourd'hui? —Moi!   Who's doing wel today? —Me!

Comparisons also are made with disjunctive pronouns.

ni loué plus que lui   nor praised more than he

The Placement of Object Pronouns
Placement of object pronouns depends on the nature of the verb form. Here are some examples:

	AFFIRMATIVE	NEGATIVE
PRESENT:	je vous écoute	je ne vous écoute pas
NEAR FUTURE:	elle va nous voir	elle ne va pas nous voir
PASSÉ COMPOSE:	ils y sont allés	ils n'y sont jamais allés
IMPERATIVE:	parlons-en!	n'en parlons pas!

In the case of multiple pronouns in one sentence, their order is the following:

me				
te	le	lui		
se	la	leur	y	en
nous	les			
vous				

Here are some examples:

je l'y vois de temps en temps
I see him/her there from time to time

il y en a
there are some

elle s'y est retournée
she went back there

nous leur en avons parlé
we spoke to them about it

ABOUT THE IN-TEXT GLOSSES

Less-common words are glossed in the margin. In the text itself these words are shown with a degee sign following them [°]. If more than one word is glossed in the margin, the phrase begins with a little vertical slash [ˈ]. If a phrase is too long to fit in the margin, it is listed in a footnote, and the first word to be glossed is given in **boldface**.

To the Instructor

THE GOAL OF THIS classroom edition of the *Lais* is to help students build their French communication skills, expand their knowledge of French culture and the medieval era, and improve their ability to compare English with French through reading authentic literature. The *Lais* are a fine choice for introducing students to authentic texts and for promoting language acquisition at the same time. A glossed edition makes Marie's *Lais* not only accessible, but highly comprehensible. The stories and support materials in this edition can help students to become more proficient readers as they increase their incidental vocabulary through reading and attend to form and meaning at the same time.

This edition includes a brief introduction to Marie de France, the medieval era in France, and her literary production. Each of the 12 tales is accompanied by English translations of difficult items in the margins of stories, by footnotes with translations of longer phrases, and by footnotes containing cultural information. In terms of culture, footnoted items might seem obvious to a reader who knows France well, but I have assumed students have no prior knowledge of French medieval culture nor geography. My goal was to reduce time students spend searching terms and information from a dictionary in hopes that they would put their efforts towards acquiring new vocabulary and grammatical structures. A "To the Student" section contains strategies for using this edition to promote vocabulary acquisition, information about the derivation of present and past participles, and an overview of subject, object, and relative pronouns. This edition is not meant to contain a systematic presentation of grammar, but rather to explain a few grammar points that simple translation might not clarify sufficiently. Students acquire pronouns more rapidly when they are repeatedly exposed to them in context and when they attend to their meaning.

AUDIENCE

This edition is useful for intermediate and advanced college students, as well as advanced high school students. The texts are manageable in part because most tales are relatively short. Furthermore, this particular translation from Old French to Modern French uses many cognates that should be familiar to Anglophone students of French. Because of the subject matter of the *Lais* and the evident influence of the oral tradition on her writing, she repeats many lexical items throughout these stories. For example, there is a limited amount of vocabulary used to describe characters in the stories. Each lay is framed and recounted in a similar way so students quickly learn what to expect, but unlike some more traditional forms, fables for example, the *Lais* contain a range of themes and outcomes that keep the reading adventure varied.

IN-TEXT GLOSSES AND FRENCH-ENGLISH GLOSSARY

I have glossed ten to fifteen expressions per page, plus some longer phrases that might prove difficult. Other glosses include lexical items that students probably will have seen in beginning and intermediate classes but for which they may need reminders. The goal is to read with good understanding without a dictionary. With a couple exceptions, the stories go from shortest and simplest to longer and more difficult. The first three lays contain the most glossed terms but many vocabulary words are repeated from one story to the next. Some of the glosses in the first three tales are for high-frequency vocabulary words that were probably taught in first and second semester courses but that may not yet have "stuck." Likewise, I have glossed several object pronouns in *Chèvrefeuille*, the first lay in this edition, for object pronouns tend to present difficulties even after having been learned and reviewed. Hopefully, the pronoun translations will remind students to attend to pronoun choice, placement, and meaning as they read.

To avoid needless repetition, and to trigger students' recognition of key terms, vocabulary words translated in the early stories will not be translated again. That said, lexical items that share the same root as an already-glossed word but are of a different part of speech may be translated, especially when meanings differ significantly. Far too often it has been my experience that students are not aware of the flexibility of the French language and fail to extend their knowledge of one form to the another. It is my hope that, as students read, they will begin to pay attention to how verbs, adjectives, adverbs, and nouns are often derived from the same roots.

The French-English glossary contains all terms from glosses and footnoted translations. It also contains additional lexical items, from basic first-year vocabulary words to negations and relative pronouns. It is located at the back of this book for easy reference.

INTRODUCTION AND GRAMMAR POINTERS

In addition to translations, this student edition also includes a brief introduction to the work of Marie de France and a short grammar section. The purpose of the introduction is to provide some basic information about medieval life and literary production during the era of Marie de France. It also includes a bibliography.

Students often lose sight of the fact that they should be using their knowledge of English to help them understand French. With this in mind, the grammar reminders section includes some strategies for educated guessing and some examples of word derivation, including the formation of participles. It also contains explanations of object and relative pronouns which reoccur often in this text. Object pronouns are of particular focus since they often pose comprehension and usage problems for the vast majority of students regardless of level.

Le Chèvrefeuille°   honeysuckle

J'AI ENVIE DE VOUS conter° une histoire qui me plaît: celle du   tell
lai nommé "Le Chèvrefeuille." Elle circule sous forme orale
et écrite; c'est la version fidèle que je vous explique.

5   'Il s'agit de° Tristan et de la reine,[1] de leur amour qui était si   it is about
parfait, dont ils ont eu 'maintes douleurs;° et puis, un jour, ils en°   much sorrow, from it
sont morts.

   Le roi Marc était courroucé° contre Tristan son neveu; il 'l'a banni°   irate, banished him
de son royaume, à cause de la reine qu'il aimait. Et Tristan 's'en est
10 allé° dans son pays, au sud du Pays de Galles, où il est né.[2]   took off for

   Il 'y a demeuré° une année entière, sans pouvoir retourner chez   dwelled there
le roi; il s'exposait° alors aux pensées qui tuent et qui détruisent.   left himself open
Ne vous en étonnez pas—qui aime loyalement est très affligé° et   distressed
accablé° de chagrin quand il n'a pas 'ce qu°'il veut.   overcome, what

15   Tristan était désolé et pensif;° pour ce,° il a quitté son pays   wistful, for this reason
et 's'en est revenu droit° en Cornouailles,[3] où la reine demeurait.   went straight back

   Il est entré tout seul dans la forêt, car il ne voulait pas être vu.
Le soir, il en° est sorti, quand c'était l'heure de chercher quelque   from the forest
abri.° Avec des paysans, avec de pauvres gens, il a passé la nuit.   shelter

20   Il leur a demandé les nouvelles° du roi. Il a appris d'eux que   news

---

[1] Here Marie is retelling the famous Celtic legend of Tristan and Isolt,
queen of King Mark, a story told in several manuscripts dating from the
second half of the 12th century. This tragic medieval love story has been
second in popularity only to that of Lancelot and Guinevere. The tale has
been recounted in numerous works from the middle ages to modern times,
including an opera by Wagner.

[2] **Et Tristan...** *Tristan took off for his country, in southwest Wales, where
he was born.*

[3] Cornwall is in Wales, in the southern most county of Great Britain.

Marc convoquait d'authorité,[4] disait-on, ses barons à Tintagel;[5]
il voulait 'y tenir cour;° à la Pentecôte,[6] tous y seraient. Il y aurait   hold court there
joie et agrément° et la reine 'devait être° là.   pleasure, should be

    Quand Tristan l'appris, il 's'est beaucoup réjoui.° Elle ne   was very delighted
5   pouvait y aller sans qu'il la vît passer.[7]

    Le jour que le roi est parti, Tristan est venu au bois,° sur le   woods
chemin° par où devait passer l'escorte.°   path, entourage

    Il a coupé une branche de coudrier et il en a ôté l'écorce.[8] Puis
quand le bâton° fut° prêt, il y a écrit son nom avec son couteau.   staff, was

10   Si la reine le voyait, qui était attentive à tout, elle reconnaîtrait
le bâton; autrefois il était arrivé qu'ainsi ils s'étaient fait signe.[9]
Dans son message, il 'lui mandait° que depuis longtemps il était   he indicated to her
'là cherchant° comment il pourrait la voir, car il ne pouvait vivre   there searching for
sans elle.[10] Ils étaient comme le chèvrefeuille et le coudrier:
15 entrelacés° ils pouvaient vivre; séparés, ils mouraient très vite.   intertwined
"Belle amie, 'ainsi est-il de nous:° ni vous sans moi, ni moi sans   so it is for us
vous."

    La reine est arrivé 'en chevauchant° Elle regardait la pente°   riding horseback, hill
à côté du chemin, elle a aperçu° le bâton, elle a reconnu° toutes   spied, made out
20 les lettres.

    Aux chevaliers qui l'accompagnaient, elle a commandé de
s'arrêter:[11] elle voulait descendre 'pour se reposer.° Ils ont obéi°à   to rest, followed
ses ordres.

---

   [4] It was within the rights of the king to call together his barons
"d'authorité," meaning he alone made the decision to do so.

   [5] This city on the west coast of Cornwall is where King Arthur was
reputedly born.

   [6] Pentecost is the feast held the 7th Sunday after Easter to
commemorate the Holy Ghost's descent to the apostles.

   [7] **Elle ne...** *She could not pass unnoticed by him.*

   [8] **Il a...** *he cut down a hazel tree branch and stripped off its bark*

   [9] **Autrefois il...** *in the past they had communicated with each other in this
way*

   [10] **Il ne...** *he could not live without her.* This is an example of «literary»
negation, where «ne» is not followed by «pas.»

   [11] **Aux chevaliers...** *She ordered the knights escorting her to stop*

Elle s'en est allée loin 'd'eux,° elle a appelé 'à elle° Branguein, _{from them, over to her}
sa suivante,° qui était 'de bonne foi.° Et toutes deux 'se sont _{lady-in-waiting, true,}
écartées° un peu du chemin. _{stepped away}

Dans le bois, elle a trouvé celui qui l'aimait plus que toute chose
vivante. Ils ont mené entre eux une joie très grande.[12]

Il lui a parlé 'tout à loisir,° et elle lui a dit tout son bonheur. _{freely}
Puis elle lui a appris comment il ferait son accord avec le roi,[13] et
combien elle avait souffert 'depuis que° Marc l'avait banni: c'était _{since}
sur une dénonciation qu'il l'avait fait.[14]

Enfin elle a laissé° son ami et s'en est allée. Mais au moment _{left}
de se séparer, ils ont pleuré.° _{cried}

Tristan s'en est retourné dans le Pays de Galles, où il a attendu
le rappel° de son oncle. _{call to return}

Pour la joie qu'il a eue en revoyant son amie,[15] et pour rappeler
son message à la reine,[16] ainsi que les paroles° qu'elle lui avait dites, _{words}
Tristan, qui savait bien harper,° en a fait un nouveau lai. _{play the harp}

Je dirai brièvement le nom de ce lai: "Goatleaf" l'appellent les
Anglais; et les Français: "Chèvrefeuille."

Je vous ai dit la vérité du lai que 'je viens de raconter.° _{I just recounted}

---

[12] **Ils ont...** *together they showed great joy*

[13] **Puis elle...** *Then she explained to Tristan how he could make peace with King Arthur*

[14] **C'était sur...** *It was after a denunciation that he had done it.* After an enemy exposed Tristan's love for Isolt to King Mark, Mark banished him.

[15] **Pour la...** *As testimony to the joy he felt in seeing his friend again*

[16] **Pour rappeler...** *to remind the queen of his message*

Le Laüstic

J E VAIS VOUS DIRE une aventure dont les Bretons ont fait un lai.
Son nom est «Laüstic»:[1] ainsi l'appellent-ils en leur pays. C'est
«rossignol» en français et «nightingale» en anglais.

5   Dans la contrée° de Saint-Malo[2] était une ville célèbre. Deux   land
chevaliers y demeuraient et y avaient deux 'fortes maisons.° Telle   castles
était la valeur de ces deux barons que la ville en avait bonne
renommée. L'un avait épousé une femme sage, courtoise° et   courtly
avenante;° c'était merveille° de voir comme elle se conduisait   good-looking, a marvel
10 dignement° selon les meilleurs usages° du temps. L'autre était un   with dignity, customs
jeune chevalier° bien connu parmi ses pairs° pour sa prouesse,°   knight, peers, prowess
sa grande valeur, et son accueil° généreux. Il était de tous les   reception
tournois,° dépensait° et donnait volontiers° ce qu'il avait.   tournaments, spent,

    Il est tombé amoureux de la femme de son voisin. Il l'a tant   freely
15 priée d'amour, il y avait si grand bien en lui,[3] qu'elle l'aimait plus
que toute chose, tant° pour le bien qu'elle avait entendu de lui que   as much
parce qu'il habitait près d'elle.

    Ils s'entr'aimaient° sagement et bien. Ils cachaient leur amour   loved each other
et 'prenaient garde° de ne pas être aperçus,° ni surpris, ni   took care, noticed
20 soupçonnés.° Et ils pouvaient bien le faire, car leurs demeures°   suspected, abodes
étaient proches. Voisines étaient leurs maisons, leurs salles et leurs
donjons;° il n'y avait ni barrière ni séparation, sauf un haut mur°   castle towers, wall
de 'pierre grise.°   grey stone

    De la chambre où la dame couchait, quand elle se tenait° à   stood

---

[1] The nightengale has long been a symbol of love, dating back to the
time of the ancient Greek poet Sappho.

[2] Saint Malo is a walled city build on an island, located in north east
Brittany.

[3] **Il l'a...** *he begged so much for her love, he was of such fine merit*

fenêtre, elle pouvait parler à son ami, et lui à elle de l'autre côté.

Ils entr'échangeaient des présents en les jetant° et en les lançant.°   *flinging, casting*

Rien ne les troublait.° Ils étaient tous deux très contents, sauf qu'ils   *disturbed*

ne pouvaient du tout venir ensemble 'à leur volonté,° car la dame   *at will*

5   était 'étroitement gardée° quand son mari n'était pas à la   *closely guarded*

maison. Mais ils avaient 'ceci au moins° pour eux: jour et nuit ils   *this at least*

pouvaient parler l'un à l'autre; nul ne pouvait les empêcher° de   *prevent*

venir à leur fenêtre et de 's'y voir.°   *to see each other*

     Longtemps avait duré leur amour quand l'été est arrivé: les

10   halliers et les prés étaient reverdis, les vergers fleuris.[4] Les petits

oiseaux menaient, très doucement, leur joie 'au sommet° des fleurs.   *on top*

     'Il n'est pas étonnant° que celui qui aime y fasse attention. Le   *it is no surprise*

chevalier et la dame 's'y sont livrés° par paroles et par regards.°   *reveled in their love, looks; gleamed, lord*

Les nuits, quand la lune luisait° et que son seigneur° était couché,

15   elle se levait souvent et s'enveloppait de son manteau. Elle venait

se tenir à la fenêtre pour son ami qu'elle savait là; il faisait de même

et veillait° la plus grande partie de la nuit. Ils avaient grande joie   *stayed awake*

à se regarder, puisqu°'ils ne pouvaient avoir plus.   *since*

     Elle se levait tant° et s'y mettait tant que son seigneur s'est   *so much*

20   irrité. Maintes fois il a demandé pourquoi elle se levait et où elle

allait.

     «Sire, lui répondait la dame, celui-là ignore la joie en ce monde

qui n'écoute pas chanter le rossignol.[5] C'est pour l'entendre que

je viens me placer ici. Je trouve grand plaisir en écoutant la nuit

25   son doux chant, et j'ai tel désir de cette jouissance° que je ne peux   *sensual pleasure*

pas fermer l'œil et dormir.»

     Quand le seigneur entendait ce qu'elle disait, il en riait de colère.°   *anger*

Il a conçu° ceci: il prendrait le laüstic au piège.° Tous les serviteurs°   *devised, trap, servants*

en sa maison ont fait des pièges, filets° ou lacets;° puis ils les ont mis   *nets, strings*

30   dans le verger. Pas de coudrier ni de châtaignier°où ils   *chestnut tree*

---

[4] **Les halliers...** *the thickets and meadows had grown green again, the orchards were flowering*

[5] **Celui-là ignore...** *he who has not heard the nightengale's song knows not the joy that exists in this world*

n'aient posé lacets et glu.[6] Tant qu'ils ont pris le laüstic. Alors° ils   then
l'ont apporté 'tout vif° au seigneur. Quand il le tenait, il en était très   stilll living
joyeux. Il est venu dans l'appartement de la dame.

    «Dame, dit-il, où êtes-vous? Venez ici! Parlez-moi! J'ai attrapé
5 le laüstic, à cause duquel vous avez tant veillé.[7] Désormais° vous   from now on
pouvez reposer en paix: il 'ne vous éveillera plus.°»   will arouse you no more

    Quand la dame l'a entendu, elle était triste et courroucée. Elle
l'a demandé à son seigneur. Et lui a tué le petit oiseau par méchanceté;
il 'lui a rompu le cou° avec ses deux mains; puis il a fait une chose   broke his neck
10 extrêmement vilaine:° il a jeté° le corps sur la dame, si qu'il 'lui a   ugly, threw
ensanglanté° sa robe un peu au-dessus de la poitrine.° Alors il est   drenched with blood,
sorti de la chambre.   bosom

    La dame a pris le corps petit. Elle a pleuré durement, elle a
maudit° ceux qui ont fait les pièges et les lacets et ont pris   cursed
15 traîtreusement° le laüstic, car ils 'lui ont retiré° une grande joie.   treacherously, stripped
       her of

    «Hélas, fait-elle, cela va mal pour moi! Je ne pourrai plus me
lever la nuit ni me tenir à la fenêtre d'où j'avais l'habitude de voir
mon ami. Il croira, j'en suis sûre, que je l'abandonne; aussi faut-il
que j'avise;[8] je 'lui enverrai° le laüstic, je lui manderai l'aventure.»   will send him
20 En un morceau de brocart, 'brodé d'or,° où elle avait raconté tout   embroidered in gold
par écrit, elle a enveloppé le petit oiseau. Elle a appelé un de ses
serviteurs. Elle 'l'a chargé° de porter son message à son ami.   put him in charge

    Il est venu au chevalier. De la part de la dame, il 'l'a salué,° lui   greeted him
a conté tout son message et lui a présenté le laüstic.

25   Le chevalier était très affligé de ce qui s'était passé,[9] mais il n'a
pas agi en rustre ni en homme lent.[10] Il a fait forger un coffret.[11] Il
n'y est entré ni fer ni acier:[12] c'était entièrement en 'or fin,° avec   pure gold
de bonnes pierres° chères et précieuses; on y a mis un couvercle 'bien   gemstones

---

[6] Birdlime is a sticky adhesive spread on branches to catch small birds.
[7] **J'ai attrapé…** *I caught the nightengale who has kept you awake so much*
[8] **Aussi faut-il…** *I must find a solution*
[9] **De ce…** *about what had happened*
[10] **Mais il…** *but he did not act crass or dull-witted*
[11] **Il a…** *he had a small jeweled box (or casket) forged*
[12] **Il n'y…** *neither iron nor alloy were used as fillers*

assis.° Il a placé le laüstic dedans; puis il 'a fait sceller° le coffret et   tightly fitted, had sealed
toujours l'a fait porter avec lui.[13]   up

    On a raconté cette histoire; elle n'a pu être celée° longtemps. Les   concealed
Bretons en ont fait un lai. On l'appelle «Le Laüstic».

---

[13] This is how a saint's relic might have been carried in the Middle
Ages.

Le Chaitivel° wretched one

I

Il m'est venu l'envie de rappeler[1] un lai dont j'ai 'entendu parler.°   heard tell of
Je vous nommerai la ville où on l'a fait et dirai toute l'aventure, ainsi
5 que les circonstances de son titre.° On l'appelle le plus souvent «Le   title
Chaitivel», mais quelques gens l'appellent «Les Quatre Deuils°».   mournings

A Nantes en Bretagne,[2] demeurait une dame très distinguée qui
avait une beauté, une éducation remarquables. Il n'y avait en la contrée
aucun chevalier d'un peu de mérite qui ne l'aimât et ne la priât
10 d'amour, après l'avoir vue une seule fois.[3] Elle ne pouvait aimer tous
ces hommes et, cependant°, elle ne voulait causer leur mort.   nonetheless

Mieux vaudrait parler d'amour à toutes les femmes d'un pays
que d'arracher un fou à ses pensées, car il réagit promptement avec
des coups;[4] une dame, elle 'sait bon gré à° celui qui 'lui fait la cour;°   is well-pleased with,
15 ainsi, même si elle ne veut pas l'écouter, elle ne lui dit pas de 'paroles   courts her
blessantes,° mais l'honore, 'le chérit,° le remercie, le sert° volontiers.   hurtful words, treasures
La dame en question, si recherchée° pour sa beauté, pour ses mérites,   him, serves; sought
les chevaliers 'l'ont courtisée° nuit et jour.   after; wooed her

Il était en Bretagne quatre barons; encore très jeunes, ils

---

[1] **Il m'est…** *Fancy moves me to recall.* («Fancy moves me» is Shoaf's translation.)

[2] Founded by the Celts and the former capital of Brittany, Nantes sits on the banks of the Loire River near the Atlantic Ocean.

[3] **Il n'y…** *there was no knight in the land who didn't love her, who didn't plea for her love, after having seen her just once*

[4] **Mieux vaudrait…** *Better to woo every woman in the country than to tear a fool from his thoughts* (or *pan* in Old French, which also means *bread*), *since the fool quickly fights back.* In this paragraph, Marie is jokingly comparing ladies' desire for love to fools' refusal to share their thoughts/bread. She teases that a knight has nothing to risk in courting women, since they are compassionate towards those who speak to them of love, even if they do not feel the same way.

étaient beaux preux,° vaillants, courtois, généreux, hommes de grand °fearless
mérite et de haute naissance. Tous les quatre aimaient la dame; chacun
faisait de son mieux pour obtenir l'amour de la dame, chacun mettait
tous ses efforts à la prier d'amour; nul 'n'avait lieu° de croire qu'il °had reason
5 réussissait° plus que l'autre. °succeeded

La dame était douée° de 'bon sens:° elle 's'est mise à° réfléchir pour °gifted, common sense,
décider lequel des quatre serait le meilleur à aimer. Tous étaient de °gan to
telle valeur qu'elle ne pouvait choisir le meilleur. Alors, ne voulant
pas perdre trois pour un, elle 'faisait bon accueil° à tous, elle leur °received graciously
10 donnait des gages° d'amour, elle leur envoyait ses messagers. °pledges

Chacun connaissait° la situation, mais aucun d'eux ne parvenait °was aware of
à 'se détacher° de la dame, car ils conservaient tous l'espoir de °free himself
l'emporter sur les autres.[5] 'Pour plaire à° la dame, chacun s'efforçait °to please
d'être le premier dans les tournois, chacun employait son nom° °name
15 comme 'cri de ralliement;° tous portaient son gage d'amour (anneau,° °rally cry, ring
manche,° gonfanon[6]), tous la tenaient pour amie. °sleeve

Elle les a aimés et gardés° à son service d'amour jusqu'au jour °kept
après Pâques° où l'on a annoncé, devant la ville de Nantes, un °Easter
tournoi. Pour faire la connaissance des quatre amants, là sont venus
20 d'autres pays Franciens, Normands, Flamands, Brabançons,
Boulonnais, Angevins,[7] et leurs proches voisins. Ces gens y sont restés
tranquilles° longtemps. Le jour du tournoi, ils sont allés à l'assaut° °peaceful, attack
les uns des autres.

Les quatre amants se sont armés et sont sortis de la ville; leurs
25 hommes 'les ont suivis,° mais le poids° des opérations reposait sur °followed them, bulk
les quatre. Les assiégeants° les ont reconnus à leurs bannières° et °beseiging knights, flag
leurs écussons;° ils ont envoyé contre eux deux Flamands et deux °basges
Hainuyers,[8] prêts à l'attaque; chacun désirait combattre. Les chevaliers
du parti contraire non plus n'avaient aucun désir de fuir;° lance °flee

---

[5] **Ils conservaient…** *they all harbored the hope of winning out over the others*

[6] A colorful banner with which medieval knights decorated their lances.

[7] **Franciens, Normands…** French (from the province around Paris, *l'Île de France*), Normans (from Normandy), Flemish (from Belgium), Brabants (from Belgium), Boulognais (from the Boulogne region in northern France), and Angevins (from Anjou in the Loire Valley).

[8] People from Hainault, a province of Belgium.

baissée, 'en piquant des deux,° on a choisi son adversaire. Le choc ⟶ spurs humming
de la rencontre a été si violent[9] que les quatre assaillants sont tombés.
Les défenseurs, les amants 'ne se sont pas souciés° des chevaux, qu'ils ⟶ didn't bother with
ont laissés courir sans maîtres;° ils 'se sont tenus° aux abattus.° ⟶ riders, stuck by, fallen
5 Finalement, les chevaliers qui étaient à pied ont été secourus par leurs ⟶ men
compagnons. A la délivrance, il y avait une grande mêlée,° maint ⟶ free-for-all
'coup d'épée° donné. ⟶ sword thrusts

II

10 La dame était dans une tour.° Elle a bien distingué 'les siens° ⟶ tower, her men
des autres; elle a vu le succès de ses amants;° mais elle ne savait lequel ⟶ lovers
elle devait estimer le plus.

Le tournoi[10] a commencé en bonne et due forme. Les rangs° se ⟶ ranks
sont multipliés et 'sont devenus très épais.° Ce jour-là, devant la ville, ⟶ became so thick
15 le tournoi a été engagé maintes fois. Les quatre amants 'se sont si
bien comportés° qu'ils ont eu le prix sur tous. A la fin du jour, quand ⟶ fought so well
on 'devait disperser,° ils se sont exposés follement loin de leurs gens; ⟶ should have dispersed
ils l'ont payé cher, car trois ont été tués° et le quatrième gravement ⟶ killed
blessé par une lance qui lui a traversé la cuisse;° ils ont trouvé leur ⟶ thigh
20 perte,° dans une 'attaque par le flanc.° Les assaillants ne leur ont pas ⟶ loss, side attack
fait de mal exprès:[11] 'dans leur remords,° ils ont abandonné aux ⟶ to show their remorse
champs leurs écus.° ⟶ shields

Les cris 'se sont élevés° bientôt; jamais on n'a entendu telle ⟶ rose up
douleur. Les gens de la ville 'y ont accouru,° sans penser au danger. ⟶ came running
25 Pour marquer leur douleur, environ deux milliers d'hommes 'ont
délacé leur ventaille,° tiré° leur barbe et leurs cheveux; ils sentaient ⟶ untied their chin straps, tugged at
une perte commune. On a mis chacun des quatre amants sur son
écu, puis on les a portés à la dame qui les aimait tant.

Quand elle a appris l'aventure, elle 'est tombée évanouie.° ⟶ passed out
30 Revenue de sa pâmoison,° elle a regretté chacun en l'appelant par ⟶ fainiting spell
son nom.

---

[9] **Le choc...** *They hit each other with such violence*

[10] A tournament in the 12th and 13th centuries was a team sport, as opposed to a one-on-one joust.

[11] **Les assaillants...** *The attackers did not mean to harm them on purpose*

«Hélas, dit-elle, que ferai-je? Jamais plus je ne serai heureuse! J'aimais
ces quatre chevaliers et je les désirais tous. Comme leurs mérites étaient
grands! Ils m'aimaient sur toute autre personne. Attirée° par leur beauté,   captivated
leur prouesse, leur valeur, leur générosité, j'ai encouragé leur amour.
5   Je ne veux pas les perdre tous, même pour en prendre un. Je ne sais
lequel je dois plaindre° le plus, mais je ne peux me cacher ceci: l'un est   lament
blessé, les trois autres sont morts, et je n'ai rien au monde pour me
réconforter. Je ferai enterrer les morts.[12] Si le blessé peut être guéri,°   healed
je 'm'en occuperai° volontiers et lui trouverai un bon médecin.»   will take care of it
10   Elle a fait porter le blessé à sa chambre. Puis avec tendresse, elle
a fait habiller noblement et richement les autres; dans une abbaye
importante, enrichie° par elle, elle les a fait ensevelir.° Que Dieu leur   endowed, buried
soit miséricordieux°! Elle a mandé ° des médecins sages auprès du   merciful, summoned
blessé, qui est resté dans sa chambre jusqu'au jour de sa guérison.° Elle   healing
15   lui rendait visite souvent et le réconfortait bien; mais elle regrettait
toujours les trois autres, pour qui elle menait grand deuil.

III

Un jour d'été, après avoir mangé, la dame parlait au chevalier. Se
souvenant de sa grande douleur, elle a baissé la tête et le visage;
20   fortement elle a commencé à réfléchir. Lui, il l'a regardée et a remarqué
qu'elle pensait. Et doucement il lui a adressé la parole:
«Dame, vous êtes 'en émoi!° A quoi pensez-vous? Dites-le-moi!   agitated
Abandonnez votre douleur: vous devriez bien vous réconforter![13]
—Ami, dit-elle, je pensais et me rappelais vos compagnons. Jamais
25   plus, une dame de ma naissance—tant soit belle, prude° ou sage°—n'ai-   discreet, wise
mera à la fois quatre tels,° ni ne les perdra tous le même jour, sauf vous   such men
qui avez été blessé et en grand danger de mourir. Puisque je vous ai
aimés tellement, je veux que ma douleur soit rappelée; de vous quatre
je ferai un lai et je l'appellerai «Les Quatre Deuils.»
30

---

[12] **Je ferai…** I will have the dead buried
[13] **Abandonnez votre…** *Let go of your pain; you should be recovering.* He
explains that it is time for her to get over the loss and be comforted that he
is still alive.

Le chevalier a répondu hâtivement:°   zealously

«Dame, faites le nouveau lai et appelez-le «Le Chaitivel»! Voici pourquoi il doit avoir ce titre: depuis quelque temps les autres sont morts; ils ont terminé leur vie et la grande peine dont ils ont souffert
5 pour l'amour de vous. Mais moi, je suis 'échappé vif;° cependant je suis   survived
éperdu° et malheureux,° car, matin et soir, celle que j'aime le plus au   lost, miserable
monde va, vient, me parle souvent et je ne puis avoir la joie de la baiser
ni la tenir° ni autre chose que de lui parler. Vous me faites souffrir cent   to hold
maux.° Je préférerais subir la mort[14]! Ainsi le lai doit recevoir mon nom: pains
10 il sera appelé «Le Chaitivel». Celui qui l'appellera «Les Quatre Deuils» changera son propre nom.

—Par ma foi, dit-elle, cela me plaît.[15] Appelons-le alors «Le Chaitivel».

Ainsi on a commencé, terminé et publié le lai. Quelques-uns de
15 ceux qui l'ont mis en circulation l'ont appelé «Les Quatre Deuils»; chacun des titres y convient,° car la matière le demande; on l'appelle   fit
communément° «Le Chaitivel».   normally

Cette histoire se termine ici; il n'y a plus. Je n'ai pas entendu davantage° et je n'en sais plus; ainsi je ne vous conte plus.   much more

---

[14] **Je préférerais…** *I would have rather died*

[15] **Ma foi…** *my goodness, she said, I like it.* The tone is slightly sarcastic in response to the knight's sarcasm in the previous paragraph.

Les Deux Amants

I

IL EST ARRIVÉ JADIS° en Normandie l'aventure souvent racontée de
deux jeunes gens qui 's'entr'aimaient et qui sont morts de cet amour.
Les Bretons° en ont fait le lai qu'on appelle «Les Deux Amants».

En Neustrie, que nous appelons aussi Normandie, il y a une
montagne extrêmement haute: ces deux personnes gisent° sur le sommet.
Près de ce mont, en y 'vouant ses soins° et son attention, le roi des Pitrois
'avait fait construire° une ville; du nom de son peuple il l'avait appelée
Pitre. Le nom est toujours resté° depuis. La ville, les maisons existent
encore, et la contrée porte° le nom de Val de Pitre.

Le roi avait une fille qui était belle et courtoise, et 'il n'avait qu'elle;°
il l'aimait et la chérissait grandement. De riches hommes l'ont demandée
qui l'eussent volontiers prise;[1] mais le roi ne voulait la donner à
personne, il ne pouvait pas 'se priver d'elle.° Le roi n'avait pas d'autre
recours;° nuit et jour il était près d'elle; seule elle pouvait le consoler
'd'avoir perdu° la reine. Plusieurs le lui reprochaient;° même 'les siens°
l'en blâmaient.

Apprenant qu'on en parlait, il était très dolent° et fâché. Il a cherché
alors comment il pourrait détourner° les demandes pour la main de
sa fille. Près et loin, il a annoncé ceci que devait connaître quiconque°
voulait l'avoir: qu'il fallait, pour conquérir° sa fille, la porter entre ses
bras hors° de la ville jusqu'au sommet de la montagne, sans se reposer.

Quand la nouvelle a été connue, beaucoup sont venus et 's'y sont
essayés,° sans réussir.° Tant s'efforçaient quelques-uns[2] qu'ils

Glosses (right margin): long ago · loved each other · people of Brittany · rest in peace · devoting his care · had built · stuck · bears · she was all he had · give her up · choice · for having lost, blamed, · his own people · mournful · turn away · whoever · win over · outside · attempted it, succeeding

---

[1] **De riches…** *Wealthy men, who would have gladly taken her, asked for her hand*

[2] **Tant s'éfforcait…** *a few strove so mightily*

la portaient jusqu'à mi-hauteur de la montagne, mais ils ne pouvaient
aller plus loin. 'En sorte qu'° elle est restée longtemps 'à donner° sans   as a result, for the tak-
que nul se présentât pour la prendre.   ing

    Dans le pays il y avait un jeune homme noble et bien fait, fils d'un
5 comte. Il s'efforçait toujours, pour augmenter sa valeur, 'de l'emporter
sur tous.° Il fréquentait la cour et s'était épris de la fille du roi.[3] Maintes   to be the best
fois il la priait de lui accorder° son amour. Comme il était preux et   grant
courtois et que le roi l'estimait beaucoup, elle lui a donné ce qu'il voulait,
et lui l'en a remercié humblement. Souvent ils parlaient ensemble, et
10 loyalement s'entr'aimaient, et prenaient des précautions pour ne pas
être découverts. La contrainte° leur 'faisait du mal,° mais le jeune homme   the imposititition, hurt
pensait qu'il préférait souffrir des maux que 'trop hâter° et alors   act too hastily
échouer.° C'était pour lui situation 'bien amère.°   fail, mighty bitter

    Un jour le jeune homme si beau, si sage, si preux est venu chez
15 son amie. 'Il a fait plainte.° D'une façon pressante, il 'l'a suppliée° de   he voiced his plea,
s'en aller avec lui: il ne pouvait plus 'supporter l'ennui° d'être privé   pleaded with her; en-
d'elle. S'il la demandait à son père, il savait bien que le roi l'aimait tant   dure the pain
qu'il ne la lui donnerait pas, à moins qu'il ne la portât entre ses bras
jusqu'au sommet de la montagne.[4]

20   La demoiselle a répondu:

    «Ami, je sais bien que vous ne pourriez pas m'y porter; vous n'êtes
pas assez fort. Mais si je m'en allais avec vous, mon père en aurait deuil
et colère, et sa vie ne serait plus qu'un martyre. Certes,° je l'aime tant   of course
que je ne voudrais point le mettre en colère.

25   Or° il faut prendre une autre décision, car je ne veux pas entendre   so
parler de celle-ci.° J'ai une parente° à Salerne:[5] c'est une femme riche,   this one, relative
qui a de très grands revenus. Elle est là-bas depuis trente ans. Elle a
tant pratiqué l'art de médecine qu'elle connaît bien les herbes et les
racines;° elle est très experte en remèdes.°   roots, medicine

---

[3] **Il fréquentait...** *He went often to the royal court and was smitten by the king's daughter*

[4] **À moins...** *unless he were to carry her in his arms to the top of the mountain*

[5] City in Italy known for its medical school.

Allez vers elle, remettez-lui une lettre de ma part,[6] contez-lui notre aventure. Elle prendra des mesures pour vous aider. Elle vous donnera tels électuaires° et telles boissons que vous en serez tout réconforté et que vous aurez une 'force merveilleuse.° *(liquid medicines; supernatural strength)*

5 Alors, quand vous serez de retour dans ce pays, vous me demanderez à mon père. Il vous tiendra pour un enfant,[7] et vous dira sa stipulation: qu'il faut me porter au sommet de la montagne entre vos bras sans vous reposer. 'Accordez-le-lui,° puisque c'est nécessaire.» *(grant him that)*

'Lorsqu'il entendit° les paroles et le conseil° de son amie, le jeune *(when he heard, advice)*
10 homme fut très joyeux, et il l'en a remercié. Puis il a 'pris congé.° *(took leave)*

Il s'en est retourné à son pays. Hâtivement il 's'est pourvu° de *(fitted himself up)*
vêtements riches et d'argent, de palefrois° et de 'bêtes de somme.° Il *(fine horses, beasts of burden; close)*
est parti avec des amis intimes.° Arrivé à Salerne, il s'est présenté à la
tante de son amie. Il lui a donné une lettre de sa part. Elle l'a lue d'un
15 bout à l'autre, puis elle l'a interrogé tant qu'elle a tout appris.

Alors elle 'l'a fortifié par° des remèdes. Elle lui a confié une boisson *(supplied him with)*
telle qu'il ne serait jamais si fatigué, si exténué, si chargé qu'elle ne lui
rafraîchît tout son corps,[8] même les veines et les os,° et qu'il ne recouvrât *(bones)*
toute sa force, aussitôt qu'il aurait bue.[9] Il a mis la boisson dans une
20 fiole,° puis l'a remportée en son pays. *(vial)*

II

Le jeune homme, très joyeux, n'a fait que passer par son propre
pays. Il est allé demander sa fille au roi: il voulait essayer de la porter
jusqu'au sommet de la montagne. Le roi 'ne l'a pas éconduit,°mais il *(did not dismiss him)*
25 tenait° sa demande à grande folie,° parce qu'il était tout jeune: tant de *(chalked up, whim)*
vaillants prud'hommes° ont déjà essayé, qui n'ont pu aboutir.° Pourtant *(gentlemen, go all the way; reach)*
il 'lui a fixé un jour.° Puis il a mandé ses hommes, ses amis, tous ceux *(set a date)*
qu'il pouvait toucher.° *(reach)*

---

[6] **remettez-lui une…** *deliver her a letter from me*

[7] **Il vous…** *he will take you for a child*

[8] **Elle lui…** *She bestowed upon him a magic elixir such that no matter how tired, how exhausted, how overwhelmed he be, it could rejuvenate his whole body*

[9] **Et qu'il…** *and he would recover all his strength right after drinking it*

Pour voir l'épreuve du jeune homme, on est venu de tous côtés.
La demoiselle 's'est bien apprêtée:° elle s'est privée, elle a jeûné,° et ⟶ *got good and ready,*
's'est amaigrie° beaucoup pour 'peser moins lourd,° car elle voulait ⟶ *fasted; slimmed down,*
aider son ami. ⟶ *to weigh less*

5   Au jour fixé, le jeune homme est arrivé le premier, portant la
fiole qui contenait sa potion. Dans la prairie, vers la Seine, où tous
étaient assemblés, le roi a amené sa fille. Elle ne portait de vêtement
que sa chemise,° afin d'être plus légère. ⟶ *night shirt*

Le jeune homme l'a prise dans ses bras; il lui a donné, en toute
10 confiance, la petite fiole pour qu'elle la portât.° Mais il allait retirer° ⟶ *carry, draw*
peu de profit du breuvage,° car cet homme ne connaissait pas la ⟶ *magic potion*
modération.

Il s'est mis en route, à grande allure, la serrant contre lui.[10] Il a
grimpé° la montagne 'jusqu'au mi-chemin.° Dans la joie qu'il avait ⟶ *climbed, to the half-way*
15 de la tenir, il 'ne s'est plus souvenu° du breuvage; mais elle a senti ⟶ *point; no longer*
qu'il se fatiguait. ⟶ *thought of*

«Ami, dit-elle, buvez donc! Je sais bien que 'vous vous épuisez.° ⟶ *you are tiring out*
Renouvelez° votre force!» ⟶ *renew*

Le jeune homme a répondu:

20 «Ma belle, je sens mon cœur battre° très fort. Je ne m'arrêterai ⟶ *beating*
'à aucun prix° assez longtemps pour boire tant que je pourrai faire ⟶ *under any condition*
encore trois pas. 'La foule s'écrirait,° le bruit m'étourdirait,° tout cela ⟶ *the crowd would yell,*
aurait tôt fait de 'me gêner.° Je ne veux pas m'arrêter ici.» ⟶ *would make me dizzy*
⟶ *would make me dizzy*

Quand 'il eut monté° les deux tiers,° il 'a failli tomber.° La jeune ⟶ *hinder me; had climb-*
25 fille l'a supplié 'à plusieurs reprises:° ⟶ *ed, thirds, nearly fell*

«Ami, buvez le remède.» ⟶ *again and again*

Il n'a pas voulu l'entendre ni croire. A grande angoisse il a
continué son chemin. Il s'est efforcé tant qu'il est arrivé en haut; mais
là il est tombé et 'ne s'est plus relevé:° son cœur s'est brisé dans son ⟶ *never recovered, chest*
30 ventre.°

La jeune fille a regardé son ami, a cru qu'il s'était évanoui. Elle
's'est mise à genoux° à côté de lui, a voulu lui donner le breuvage; ⟶ *knelt down*
mais il ne pouvait pas lui répondre. Il était mort, comme je vous l'ai
dit.

---

[10] **À grande…** *at a quick pace, holding her close to him*

Elle 'l'a regretté° à très grands cris. Puis elle a vidé la fiole qui ~~lamented it~~ lamented it
contenait la boisson. La montagne s'en est arrosée largement;[11] tout
le pays et la contrée en ont été amendés:° depuis, mainte bonne herbe ~~modified~~ modified
y a poussé, à cause du breuvage.

5   Revenons à la jeune fille. Depuis la perte de son ami, elle était
extrêmement dolente. Elle s'est couchée à ses côtés, 'l'a étreint° entre ~~clenched him~~ clenched him
ses bras, 'lui a baisé° souvent les yeux et la bouche. Le deuil s'est enfoncé ~~kissed him~~ kissed him
dans son cœur.[12] Et là est morte la demoiselle qui était si belle, si prude,
si sage.

10   Le roi et ceux qui attendaient, voyant qu'ils ne revenaient pas, sont
montés les chercher; ils les ont trouvés morts. Le roi est tombé évanoui
à terre. Quand il a pu parler, il a mené grand deuil; ainsi a fait la foule
autour de lui.

    Il les a gardés trois jours près de lui. Puis il a envoyé chercher un
15 'cercueil de marbre;° on a mis dedans les deux jeunes gens. Sur le conseil ~~marble casket~~ marble casket
de ceux qui étaient là, on a enterré les deux sur la montagne. Et chacun
est rentré chez soi.

    A cause d'eux, la montagne porte le nom de «mont des deux a-
mants». Tout s'est passé comme je l'ai dit. Les Bretons on fait un lai
20 de l'aventure.

---

[11] **La montagne...** *The mountain was drenched by the elixir.*
[12] **Le deuil...** *the mourning thrust into her heart.* The choice of
"s'enfoncer" evokes a metaphorical knife.

Equitan

I

COMME ILS ÉTAIENT NOBLES, les Bretons de Bretagne! Jadis, par courtoisie, par prouesse et par noblesse, ils faisaient des lais pour préserver de l'oubli° quelques aventures. J'ai entendu conter un lai remarquable qui 'traite d'Equitan,° seigneur de Nantes, juge et roi très courtois.

Il jouissait° de l'affection et de l'estime de ses sujets. Il aimait le plaisir et l'amour; ainsi il maintenait l'esprit de la chevalerie.° Ils se négligent eux-mêmes, ceux qui n'observent ni sagesse ni mesure° dans l'amour; mais la mesure° de l'amour, c'est que chacun y perd la tête.

Le sénéchal° d'Equitan était un bon chevalier, preux et loyal; il surveillait toute la terre du roi, la gouvernait, la gardait très bien. Sauf pour faire la guerre, le roi n'abandonnait pas la chasse ni ses autres plaisirs, quelques grands que fussent les 'cas d'urgence° qui se présentaient.

L'épouse du sénéchal a porté, par la suite, du malheur au pays. Elle était extrêmement belle et d'une éducation très bonne; elle avait un beau corps, la taille° bien faite, les yeux gris, un beau visage, une belle bouche, le nez 'bien assis.° Nature avait travaillé fort pour la former: dans le royaume, elle n'avait pas d'égal.°

Le roi avait souvent entendu chanter les louanges° de la dame. Fréquemment il la saluait de loin; il lui envoyait de ses biens.° Sans l'avoir vue, il 'la convoitait,° et il voulait lui parler le plus tôt possible.

'Pour se délasser° seul, il est allé chasser près du château du sénéchal. La nuit le roi s'est logé chez son serviteur et sa femme; quand il est revenu de la chasse, il a parlé à la dame, et lui a montré son cœur et ses mérites.

Il l'a trouvée très courtoise, sage, belle de corps et de visage, gaie,

forgetting
is about Equitain

enjoyed
knighthood
moderation
measure

seneschal

emergencies

figure
well-positioned
equal

praise
possessions
lusted for her

to relax

riante; alors Amour 'l'a conquis.° Cupidon lui a lancé une flèche qui   *won him over*
a fait des ravages dans son cœur.[1] L'expérience et le bon sens n'ont plus
compté pour rien: par la dame il était si tourmenté qu'il restait pensif
et mélancolique; il était obligé de s'abandonner entièrement à sa
5 préoccupation; il n'avait aucune défense. La nuit il ne dormait ni ne
se reposait. Il se blâmait et 'se grondait.°   *scolded himself*

    «Hélas, dit-il, quelle destinée m'a fait venir dans ce pays? Pour
cette dame, j'ai le cœur angoissé. Je me vois obligé de l'aimer. Et si je
l'aime, je ferai du mal: elle appartient° au sénéchal; je dois lui témoigner   *belongs*
10 foi comme je veux qu'il le fasse envers moi. Si, 'par hasard,° il savait   *by chance*
ma trahison, il en serait bien affligé. Cependant ce serait pire si j'étais
détruit.[2] Quel malheur si une dame si belle n'aime pas ou n'a pas
d'amant°! Que deviendrait sa courtoisie si elle n'aimait pas   *lover*
véritablement?[3] Il n'est homme mortel qui ne bénéficierait pas beaucoup
15 de son amour.[4] Et le sénéchal ne doit pas être trop affligé s'il s'en rend
compte:[5] il ne peut la garder° pour lui seul. Certes, je veux la partager   *keep*
avec lui.»

    Quand il eut dit cela, il a poussé un soupir;° après il s'est couché   *sigh*
et s'est mis à réfléchir encore. Puis il a dit:

20 «De quoi suis-je troublé°? Je ne sais encore, je n'ai jamais su, si elle   *disconcerted*
m'accordera son amour; mais je vais le savoir bientôt. Si elle 'a senti°   *felt*
ce que je ressens,° je n'aurai plus cette douleur. Hé, Dieu! Le jour vient   *am feeling*
si lentement. Le repos° m'est impossible. Que le temps a été long depuis   *rest*
hier soir que je me suis couché!»

25 Le roi a veillé jusqu'au jour; il l'a attendu impatiemment.[6] Enfin,
il s'est levé et est parti 'pour chasser.° Mais bientôt il a pris le chemin   *to go hunting*
du retour, disant qu'il était trop fatigué; il est entré dans sa chambre

---

[1] **Cupidon lui...** *Cupid shot an arrow that deeply penetrated his heart.*

[2] **Cependant ce...** *yet it would be worse if I were to be destroyed (out of longing for her)*

[3] **Que deviendrait...** *What would become of her courtliness if she were not to know true love.* In courtly love, knights and ladies can only find true love with someone with whom they are not married.

[4] **Il n'est...** *Any man alive would become a better person if granted her love*

[5] **Ne doit...** *should not be too upset if he realizes that*

[6] **il l'a...** *he waited for it (daybreak) impatiently*

et s'est recouché.

Le sénéchal était accablé de tristesse: il ne connaissait pas la nature du mal qui donnait des frissons° au roi; il ignorait que sa femme en était la cause.   `tremors`

5 'Pour se distraire,° le roi a fait venir la dame. Il lui a découvert son cœur et lui a appris qu'il mourait pour elle[7] : 'sa vie° ou sa mort dépendait d'elle.   `to amuse himself` `his life`

«Sire, la dame a dit, il faut me donner du temps pour réfléchir. De prime abord, je me sens perdue.[8] Vous êtes roi et de grande noblesse;
10 vous ne devez vous permettre d'aimer une femme de mon rang. Votre désir une fois satisfait, j'en suis sûre, vous m'abandonneriez vite, et moi, je serais blâmée. Si je 'me pliais° à votre demande et vous aimais, l'amour   `bent myself`
entre nous deux ne serait pas également partagé: vous êtes un roi puissant et mon mari est votre homme-lige;[9] alors vous croiriez, je pense,
15 prétendre à mon amour comme au droit d'un seigneur.[10] L'amour qui n'est pas égal ne vaut rien. Mieux vaut un homme pauvre mais fidèle,°   `loyal`
pourvu qu'il ait du sens et des mérites, et plus grande est la joie de son amour que de l'amour d'un prince ou d'un roi auquel la loyauté manque.° Celui qui aspire à aimer plus hautement que sa richesse   `is missing`
20 n'indique, il a tout à craindre. Et l'homme puissant, qu'il se méfie pour sa part qu'on ne lui vole son amie, s'il veut l'aimer de droit.»

Equitan a répondu:

«Dame, 'de grâce°! Ne dites pas cela! Ce ne sont pas des courtois   `mercy`
mais plutôt des gens qui montrent l'esprit de commerce des bourgeois,
25 ceux qui pour acquérir des biens se tournent vers quelque chose d'indigne.[11] Sous le ciel, il n'y a pas de femme, si elle est sage,

---

[7] **Il lui...** *he unveiled his love to her and told her that she would die for her*
[8] **De prime...** *first of all, I feel lost.* The lady is thrown off balance by the king's pledge of love because of their different social class in a hierarchal society.
[9] A liege is a vassal or subject owing allegiance and services to a lord under feudal law. Liege also means faithful or loyal.
[10] **Prétendre à...** *lay claim to my love as if it were a lord's right*
[11] **Ce ne...** Courtly lovers do not speak this way, only those who have a bourgeois way of thinking, those who aim to *acquire wealth with less than noble intentions*

courtoise et franche, qui ne serait courtisée par un prince riche et aimée
loyalement, pourvu qu'elle estime son amour hautement et qu'elle ne
soit pas inconstante,° même si elle ne possède que son manteau. Ceux   fickle
qui sont inconstants en amour, qui s'appliquent à tricher,° ils sont   cheat
5   trompés;° nous en avons vu de tels. Il n'est pas étonnant de voir perdre   misled
quelqu'un[12] qui le mérite par ses actes. Ma chère dame, je me donne
à vous: ne me tenez pas pour votre roi mais pour votre ami et homme-
lige. Je vous jure que je ferai tout ce que vous voulez. Ne soyez pas la
cause de ma mort. Que vous soyez dame et moi serviteur; vous
10   orgueilleuse° et moi suppliant.°»   proud, begging

Tant le roi lui a parlé et tant lui a imploré sa pitié qu'enfin elle lui
a promis son amour et 'lui a octroyé° son corps. Par un échange   granted him
d'anneaux, ils se sont engagés mutuellement leur foi; 'ils l'ont tenue°   they kept their vow
un certain temps et se sont aimés bien, puis ils en sont morts.
15

II

Leur amour a duré longtemps sans être découvert. Quand ils
voulaient se réunir, le roi faisait dire à ses gens qu'il se faisait saigner
seul.[13] On fermait alors les portes de la chambre et personne n'osait
20   y entrer. C'était le sénéchal qui tenait cour, qui entendait les procès et
les plaintes en justice.[14]

Le roi a aimé la dame longtemps sans désirer d'autre femme. Il
n'a pas voulu se marier, ni même en entendre parler. Ses gens en étaient
si mécontents que la femme du sénéchal l'a appris; elle en était fâchée
25   et craignait° de perdre son amant. Quand elle aurait pu lui parler, lui   feared
témoigner de la joie, le baiser, l'embrasser, l'étreindre et jouer avec lui,
elle a pleuré fortement et mené grand deuil. Le roi a demandé ce que
cela signifiait. La dame a répondu:

«Sire, je pleure notre amour qui tourne à grande douleur: vous

---

[12] **D e voir...** *to see someone lose face*

[13] **Qu'il se...** *that he was being bled alone.* Bloodletting was widely
practiced as a remedy for many ailments believed caused by an abundance
of blood in the system. Regular bloodletting was deemed necessary for
good health.

[14] **Qui tenait...** *who was holding court, who heard trials and legal
complaints*

prendrez femme, fille d'un roi, et vous me quitterez; souvent je l'ai entendu dire et je le sais bien. Et moi, hélas, que deviendrai-je?[15] Vous causerez ma mort, car je ne connais d'autre réconfort.»

Très tendrement, le roi a dit:

«Belle amie, 'n'ayez pas peur°! Certes je ne prendrai pas femme et je ne vous abandonnerai pas pour une autre. Sachez bien ceci: si votre mari n'était plus là, je vous ferais reine, contre le gré de 'n'importe qui.°»   anyone

La dame l'a remercié et a dit qu'elle lui était reconnaissante et, ayant été rassurée de sa fidélité, elle prendrait des mesures pour hâter° la mort   hasten de son mari. Ce serait facile à faire, s'il voulait l'aider. Le roi a répondu qu'il le ferait: elle ne lui proposerait rien qu'il ne le fît° pas à son pouvoir,   was que cela tournât mal ou bien.

«Sire, dit-elle, s'il vous plaît, venez chasser dans mon pays; logez-vous dans le château de mon seigneur. Faites-vous saigner et, au troisième jour, baignez-vous; mon mari se fera saigner aussi et il se baignera avec vous. Ne manquez pas de lui dire de vous tenir compagnie! Moi, je ferai chauffer° l'eau et apporter les deux cuves;°   heat, vessels je ferai son eau si chaude et bouillante° qu'on y sera échaudé° avant   boiling de pouvoir s'y asseoir. Quand il sera échaudé à mort, faites venir vos hommes et les siens;[16] montrez-leur comment il est mort soudainement dans le bain.»

Le roi a dit qu'il ferait ce qu'elle désirait.

Moins de trois mois plus tard, le roi est allé chasser dans le pays. Il s'est fait saigner pour son mal, le sénéchal également. Au troisième jour il a dit qu'il voulait se baigner; le sénéchal voulait le faire aussi.

«Vous vous baignerez, dit-il, avec moi.

—Certes,» dit le sénéchal.

La dame a fait chauffer l'eau et apporter les deux cuves. Devant le lit elle les a placées, comme c'était convenu.° Puis elle a fait apporter   agreed upon l'eau bouillante dans laquelle le sénéchal devait entrer.

Le prud'homme s'était levé et était sorti pour se distraire. La dame

_{fear not}

---

[15] **Et moi…** *And what about me, alas, what will become of me?*
[16] **Quand il…** *once he has been scalded to death, call your men and his*

est venue parler au roi; il l'a mise à ses côtés sur le lit du seigneur où il 'a pris son plaisir° avec elle. Ils sont restés là, derrière les cuves. Une jeune fille gardait la porte. — took his pleasure

Le sénéchal est revenu 'en hâte,° il a poussé contre la porte que la — quickly
5   servante tenait ferme, il a frappé dans un 'tel accès de colère° que la — outburst of anger
porte s'est ouverte. Il a trouvé sa femme et le roi étroitement liés 'l'un à l'autre° dans le lit. — together

Tout de suite, pour cacher sa vilenie, le roi a sauté, pieds-joints,° — feet together
'tout nu° dans la cuve. Là il est mort échaudé. Sur lui est retombé le — bare naked
10 mal, tandis que l'autre était 'sain et sauf.° — safe and sound

Le sénéchal a bien vu ce qui était arrivé au roi; saisissant° sa femme — grabbing
sur-le-champ,° il 'l'a plongée,° tête en avant, dans l'autre cuve. Ainsi — on the spot, plunged
sont-ils morts tous deux, le roi d'abord et puis la dame.

Celui qui voudrait être sensé° pourrait y trouver une leçon: si l'on — judicious
15 cherche à faire du mal à autrui,° le mal retombe tout sur soi. — others

Ces choses 'se sont passées° comme je vous les ai dites; les Bretons — happened
en ont fait un lai—le lai «d'Equitan», comment sont morts lui et la dame qui l'aimait tant.

Frêne° ash tree

I

JE VOUS RACONTERAI LE lai du «Frêne» selon le conte que je connais.
En Bretagne vivaient jadis deux chevaliers dont les propriétés
'se touchaient.° C'étaient deux hommes riches, puissants, preux et   were neighboring
vaillants. Chacun avait pris femme. Une de ces dames est devenue
enceinte.° Au jour de sa délivrance,° elle a eu deux enfants. Son mari   pregnant, delivery
en était très joyeux. Dans sa joie il a fait part à son bon voisin que sa
maison 's'était accrue:° sa femme venait de lui donner des jumeaux;°   had grown, twins
il l'a prié d'en tenir un sur les 'fonts baptismaux,° 'en tant que parrain,°   baptismal fonts, as god-
et de lui donner son nom.   father

Le voisin était à table. Voici le messager qui est arrivé. Il 's'est
agenouillé° devant la table et a dit son message. Le sire a remercié Dieu,   knelt down
et a donné au messager un bon cheval. Mais sa femme, qui était assise
à table à côté de lui, a ri° de la nouvelle, car elle était sournoise,°   laughed, underhanded
orgueilleuse, médisante,° envieuse.   slanderous

Elle a dit très follement,° en présence de tous ses gens: foolishly
«Par Dieu, je 'm'émerveille° que ce prud'homme 'ait révélé à° mon   am surprised, has re-
seigneur 'ce qui le honnit° et le déshonore. Sa femme a eu deux fils?   revealed to; what
Lui et sa femme en sont honnis. Nous savons bien 'ce qu'il en est:° jamais shames him; what this
il n'est advenu ni n'adviendra qu'en une seule grossesse une femme   is about
porte deux enfants, si deux hommes ne les lui ont faits.[1]»

Son sire l'a regardée avec colère et 'l'a réprimandée:°   scolded her
«Laissez cela°! Vous ne devez pas parler ainsi! La vérité est que   let this be!
cette dame a toujours eu bonne réputation.»

Les gens de la maison 'ont rapporté le propos.° Il a été répété et   passed on the remark
répandu° dans toute la Bretagne. Toutes les femmes qui l'ont entendu,   spread
pauvres ou riches, 'ont pris la dame en haine;° elle-même   loathed the lady

---

[1] **Jamais il…** *it never has been and never will be that a woman could carry
two children at once, unless two men had fathered them*

devait plus tard en être malheureuse.

Le messager a tout raconté à son seigneur. Celui-ci en était affligé, il ne savait que faire; il a pris en haine sa prude femme, l'a soupçonnée durement, et l'a persécutée beaucoup sans qu'elle l'eût mérité.[2]

5   La même année, la dame qui avait médit est devenue enceinte. A son terme, elle a mis au monde deux filles. Voilà sa voisine vengée° et elle bien affligée! Elle 'se lamentait:°

«Hélas, que ferai-je? Plus d'estime et d'honneur pour moi! Je suis honnie, c'est vérité. Mon sire° et ses parents, dès qu'ils entendront
10 la nouvelle, se détourneront de moi; car je me suis jugée moi-même,[3] en médisant de toutes les femmes. N'ai-je pas dit que jamais femme n'a eu deux enfants si elle n'avait connu deux hommes? Maintenant j'ai deux filles et je suis dans de beaux draps.[4] Qui médit d'autrui ne sait pas ce qui lui pend à l'oreille.[5] Mieux vaut trop louer que
15 médire.[6] Pour me défendre de la honte, il me faut 'mettre à mort° un de ces enfants. Mieux vaut réparer à Dieu que me déshonorer et me couvrir de honte.[7]»

Celles qui étaient dans la chambre l'ont réconfortée, disant qu'elles ne permettraient pas ce meurtre: tuer n'est pas 'chose légère.°
20 La dame avait une servante, fille de bonne naissance; elle l'avait prise à son service depuis longtemps, elle la chérissait beaucoup. Celle-ci entendait sa dame pleurer, se plaindre, gémir et elle en éprouvait grande angoisse. Elle 's'est approchée° et l'a réconfortée

avenged

wept

lord

kill

a light matter

came forward

---

[2] **Sans qu'elle…** *without her having deserved it*

[3] **Dès qu'ils…** *as soon as they hear the news, they will abandon me; I have thus judged myself*

[4] **Je suis…** *I am in a fine fix*

[5] **Qui médit…** *he who bad-mouths others knows not what lies in wait for him*

[6] **Mieux vaut…** *better to praise too well than to bad-mouth.* In other words, the one you criticize might be more worthy of praise than you, so the way to cast yourself in a good light is not to denigrate, but to exaggerate the qualities of others.

[7] **Mieux vaut…** *better to atone for my sin to God than to suffer dishonor and shame (on earth).* This is an example of the mentality that has cast the Middle Ages as a shame-driven instead of guilt-driven culture.

ainsi:

«Dame, fait-elle, laissez ce deuil;¹ cela ne vaut rien.° Donnez-moi *it is useless*
une des filles. Je vous en débarrasserai,⁸ si bien que vous n'en serez
jamais honnie et que vous ne la reverrez plus. ¹Je la déposerai° saine *I will drop her off*
5 et sauve dans un couvent.° Quelque prud'homme la trouvera et *convent*
¹l'élèvera,° ¹s'il plaît à Dieu.°» *will raise her, God*
willing

La dame a entendu ces paroles avec grande joie; elle lui a promis
une bonne récompense, si elle lui rendait ce service.⁹

Elles ont enveloppé l'enfant dans un morceau de très bonne
10 étoffe,° et l'ont recouvert d'une soie décorée d'ornements en forme *cloth*
de roues;¹⁰ le mari de la dame l'avait rapportée jadis de
Constantinople—on n'a jamais vu ¹la pareille.° Avec un morceau *the likes of it*
de fil, la mère lui a lié° un gros anneau au bras. Il pesait bien une *tied*
once d'or fin, portait un rubis au chaton,¹¹ et l'anneau était gravé d'une
15 inscription. Ainsi celui qui trouvera la petite fille saura qu'elle est
de noble race.

La jeune fille a pris l'enfant, elle est sortie de la chambre; puis
le soir, quand la nuit était tombée, elle est sortie de la ville. Elle est
entrée dans un grand chemin qui la menait à la forêt, l'a suivi au
20 milieu du bois jusqu'à la lisière.° Bien loin à droite, elle a entendu *woods' edge*
aboyer° des chiens et chanter des coqs; de ce côté il y avait quelque *the barking*
ville. Elle ¹s'est hâtée vers° l'aboiement des chiens. *rushed toward*

Elle est entrée ainsi dans une ville magnifique; là se trouvait une
abbaye très riche et bien pourvue° où des nonnains¹² vivaient sous *supplied*
25 la garde d'une abbesse. La jeune fille a vu l'église, ses tours, ses murs,
et ses clochers.° Elle y a couru hâtivement. Elle s'est arrêtée devant *bell towers*
la porte. Elle a posé l'enfant à terre, s'est agenouillée très humblement
et a fait sa prière:

---

⁸ **Je vous…** *I will get rid of her for you*
⁹ **Si elle…** *if she would do her this service*
¹⁰ **Et l'ont…** *and covered her in a silk cloth decorated with a wheel pattern*
¹¹ **Il pesait…** *it easily weighed an ounce of pure gold, had a ruby in the bezel (a groove designed to hold a gem stone)*
¹² *Nonnains* has a pejorative meaning in modern French ; it is often used in jokes. The neutral term for nuns is *religieuses*.

«Sire Dieu, par ton nom sacré,° si c'est ta volonté, garde cette   holy
enfant de la mort.»

Quand elle a ainsi prié, elle a regardé autour d'elle. Elle a vu un
large frêne, bien fourni en feuilles et en rameaux, et dont la souche
5   se divisait en quatre ramifications.[13] On l'avait planté là pour avoir
de l'ombre,° Elle a pris l'enfant dans ses bras, est venue à l'arbre,   shade
et l'a placée dans la fourche.° Elle l'a recommandée au vrai Dieu,[14]   fork
puis l'a laissée. Et elle est retournée conter à sa dame tout ce qu'elle
avait fait.

10   II

Dans l'abbaye il y avait un portier.° Il était chargé d'ouvrir la porte   porter
du couvent pour ceux qui venaient entendre le service. Cette nuit-là,
il s'est levé tôt. Il a allumé chandelles et lampes, 'sonné les cloches°   rang the bells
et ouvert la porte. Il a aperçu les étoffes sur le frêne; il a cru que
15   quelqu'un 'les avait volées,° puis déposées là; il n'a pas fait attention   had stolen them
à autre chose. 'Au plus vite,° il y est venu, il a tâté° et a découvert   as fast as possible, felt
l'enfant.   around

Il a remercié Dieu et a emporté l'enfant chez lui. Sa fille était
veuve; mais elle avait au berceau un petit enfant qui 'tétait encore.°   was still nursing
20   Le prud'homme l'a appelée:

«Fille, dit-il, debout,° debout! Allumez vite feu et chandelle! Voici   get up
un enfant que je viens de trouver là-dehors, dans la fourche du frêne.
'Nourrissez-le° de votre lait, 'réchauffez-le,° baignez-le!»   nurse her, warm her up

Elle 'lui a obéi.° Elle a allumé le feu, pris l'enfant, l'a réchauffée   obeyed him
25   et bien baignée,° puis lui a donné de son lait. On a découvert l'anneau   bathed
attaché à son bras; ils ont remarqué la richesse et la beauté de la soie;
ils ont su avec certitude qu'elle était de haute naissance.

Le lendemain, après le service, quand l'abbesse sortait de l'église,
le portier est allé lui parler. Il lui a conté l'aventure. L'abbesse lui
30   a commandé d'apporter l'enfant devant elle, vêtue° comme il l'avait   clothed
trouvée. Le portier est revenu chez lui, a pris l'enfant, l'a montrée

---

[13]**Bien fourni...** *well-covered with leaves and branches, and whose trunk branched into four parts*

[14] **Elle l'a...** *she entrusted the baby girl to the one true Lord*

à l'abbesse. Elle l'a bien regardée, puis a déclaré qu'elle 'la ferait   would have her raised
élever° et la traiterait comme sa nièce. Et elle a défendu au portier
d'en dire la vérité.[15] Elle l'a tenue elle-même sur les fonts baptismaux.
Parce qu'on l'avait trouvée sur un frêne, on l'a nommée Frêne.

5

III
La dame la traitait comme sa nièce et pendant longtemps 'les
autres ne l'ont pas remarquée.° Ainsi elle a été élevée dans le couvent.   no one noticed her
Quand elle est venue à l'âge où la beauté 's'épanouit,° son renom°   bloomed, good reputa-
10   s'est répandu dans toute la Bretagne: elle surpassait toutes les autres   tion
filles en beauté et en courtoisie. Elle était franche,° bien élevée, avec   sincere
de bonnes manières. Nul ne la voyait sans l'aimer et la priser comme
une merveille.[16]
A Dol[17] vivait un bon seigneur; jamais meilleur n'a été ni ne sera.
15   On l'appelait Goron. Il a entendu parler de la jeune fille et s'est mis
à l'aimer. Au retour d'un tournoi, il a passé par l'abbaye. Il a demandé
à voir la demoiselle; l'abbesse la lui a montrée. Il l'a trouvée si belle,
si instruite,° si sage, si courtoise que, s'il ne pouvait se faire aimer   educated
d'elle, il sentait qu'il serait malheureux toute sa vie.
20   Comment faire? 'Il était comme égaré.° Car s'il revenait trop   he was torn about it
souvent, l'abbesse s'en apercevrait, et jamais plus il ne verrait la jeune
fille. Puis il s'est avisé d'une chose: accroître l'abbaye.[18] Il lui donnerait
de si grandes terres qu'il aurait toujours 'à s'en féliciter,° car il désirait   be welcome
y avoir le droit de rentrer et de séjourner à son gré.
25   Donc, pour lier et entretenir° l'amitié, il a donné beaucoup de   foster
son argent. Mais il avait d'autres buts° que celui de l'absolution! Il   aims
y retournait souvent pour parler à la demoiselle. Et tant il la suppliait,
tant il lui promettait qu'elle lui a accordé ses faveurs.[19]

---

[15] **Elle a...** *she forbade the porter to tell the truth about it (the girl's situation)*
[16] **Nul ne...** *All who saw her loved her and admired her as a remarkable being*
[17] Dole is a town in Brittany.
[18] **Puis il...** *then he found just the thing: he would increase the size of the abbey*
[19] **Et tant...** *so much did he beg, so much did he promise that she granted him her good graces*

Quand il fut sûr de son amour, il lui a dit:

«Alors, ma belle, vous avez fait de moi votre ami. Partons ensemble! Vous devez savoir, je pense, que si votre tante s'apercevait de tout ceci, elle en aurait grand chagrin. Si vous deveniez enceinte
5   auprès d'elle, songez comme elle serait courroucée[20]! Croyez-moi, partons ensemble. Certes je ne vous manquerai jamais et je pourvoirai à tous vos besoins.[21]»

Elle l'aimait de tout son cœur; elle a fait ce qu'il voulait. Elle l'a suivi dans son château. Elle a emporté, dans un coffre, l'anneau et
10   l'étoffe de soie; de cela elle pourrait se féliciter.[22] Jadis l'abbesse° les   mother superior
lui avait remis, en lui contant comment elle avait été découverte: couchée dans la fourche du frêne, sans d'autres possessions que ces deux choses.

IV

15   Le chevalier l'aimait beaucoup el la chérissait. Et comme lui faisaient ses hommes et ses serviteurs;[23] petit ou grand, pas un qui ne l'aimât, ne l'honorât, ne la prisât beaucoup pour sa franchise.°   honesty

Il a vécu longtemps avec elle, tellement que les chevaliers fieffés°   of the highest rank
l'ont reproché à leur seigneur. Souvent ils lui conseillaient d'épouser
20   une femme noble et de se débarrasser de celle-ci; ils seraient heureux s'il avait un héritier° qui pourrait garder après lui sa terre et son grand   heir
héritage. Mais ils seraient très malheureux s'il négligeait, pour l'amour de cette fille, d'avoir enfant d'une épouse° légitime. Ils ne voulaient   spouse
pas le considérer comme leur seigneur ni le servir, s'il ne cédait pas
25   à leur volonté. Le seigneur a consenti enfin de prendre femme selon leur conseil, mais qu'ils s'avisassent eux-mêmes à la choisir.[24]

«Sire, 'font-ils,° il y a ici, près de nous, un prud'homme qui est   they said

---

[20] **Si vous...** *if you were to become pregnant under her care, think how furious she would be*

[21] **Certes je...** *Of course I will never neglect you and I will provide for all of your needs*

[22] **De cela...** *of that she could be glad*

[23] **Et comme...** *and his men and servants did as well*

[24] **Mais qu'ils...** *but it was up to them to find her*

votre pair. Il a une fille, c'est sa seule héritière; elle vous apportera
en dot° un vaste domaine. Elle s'appelle Coudre; dans ce pays il n'y   dowry
a pas d'autre si belle. Et 'figurez-vous:° vous quitterez Frêne, mais   consider this
vous prendrez Coudre en échange! Le Frêne ne porte aucun fruit,
5   tandis qu'il y a plaisir et profits° dans le Coudrier. Nous chercherons   something to gain
à obtenir la jeune fille pour vous. S'il plaît à Dieu, nous vous la
donnerons.»

     Ils ont obtenu les consentements de toutes les parties et ont
préparé le mariage. Hélas! Quel malheur que personne ne connaisse
10   l'aventure de Frêne et de Coudre, qui sont sœurs jumelles!

V

     Quand Frêne a appris que son ami allait se marier, elle 'n'a pas
changé de visage;° elle a continué à le servir bonnement et à faire   did not show it
bon accueil à tous ses gens. Chevaliers du palais, jeunes hommes,
15   domestiques, tous menaient grand deuil à la pensée de la perdre.

     Au jour fixé pour les noces,° le seigneur a fait venir ses amis et   nuptials
l'archevêque de Dol, et Coudre. Sa mère l'a accompagnée. Elle
craignait que la jeune fille pour laquelle le sire avait témoigné tant
d'amour ne causât des soucis,° si elle le pouvait, aux fiancés. Elle   problems
20   saurait la mettre à la porte;[25] elle conseillerait à son gendre° de la   son-in-law
marier à un prud'homme; elle s'en débarrasserait,[26] a-t-elle dit.

     Les noces étaient magnifiques et joyeuses. Frêne y a assisté; elle
n'a pas laissé paraître qu'elle eût quelque dépit de ce qu'elle voyait.
Autour de la dame, elle servait avec délicatesse et attention. Tous
25   ceux qui la voyaient tenaient son calme pour une grande merveille.
La dame l'a observée beaucoup et l'a prisée hautement dans son cœur.
Elle a dit même que si elle avait su sa façon d'être, Frêne n'aurait
pas perdu, et qu'elle-même ne lui aurait pas arraché son seigneur
à cause de sa fille.[27]

---

[25] **Elle saurait...** *the lady had an idea how to send her packing*

[26] **Elle s'en...** *she would get rid of this obstacle*

[27] **Elle a...** *she even said that if she had known what kind of woman Frêne was, she would not have lost, and Coudre's own mother would not have torn Frêne away from her lord, even for her own daughter*

Ce soir la jeune fille est allée préparer le lit de l'épouse. Elle 's'est
défaite de° son manteau. Elle a appelé les chambellans;° elle leur   took off, house man-
a enseigné comment faire le lit pour plaire au seigneur, car elle   agement
connaissait ses habitudes. Quand ils ont eu apprêté° le lit, ils ont jeté   readied
5   dessus une couverture. L'étoffe en était de soie tissée° d'or. La   woven
demoiselle ne l'a pas trouvée assez bonne et dans son cœur elle était
toute soucieuse.° Elle a ouvert son coffre, a pris son tissu de soie et   worried
l'a mis sur le lit de son seigneur. Elle faisait cela pour l'honorer, car
l'archevêque° allait venir, 'selon la coutume,° pour bénir° les mariés.   archbishop, as was the
10   La chambre une fois prête, la dame y a amené sa fille.[28] Elle   practice, bless
voulait la mettre elle-même dans son lit, et 'lui a ordonné° de se   commanded her
déshabiller.

Mais elle a remarqué l'étoffe de soie sur le lit et l'a reconnue
comme supérieure à toutes, sauf à celle qu'elle avait donnée jadis
15   à sa fille qu'elle avait cachée. Au souvenir de cette enfant, son sang
's'est figé.° Elle a pris à part le chambellan.   froze

«Dis-moi, 'sur ta foi,° où tu as trouvé cette belle étoffe.   in good faith

—Dame, fait-il, vous le saurez. C'est l'autre demoiselle qui l'a
apportée. Elle l'a jetée sur la couverture car celle-ci ne lui semblait
20   pas assez belle. Je crois que l'étoffe lui appartient.»
La dame a envoyé chercher Frêne. Aussitôt qu'elle l'a vue, elle
lui a dit:

«Belle amie, ne me cachez rien! Où a été trouvée cette belle étoffe?
D'où vous vient-elle? Qui vous l'a donnée? Dites-moi de qui vous
25   la tenez[29]!»
La jeune fille lui a répondu:

«Dame, de ma tante, l'abbesse, qui m'a élevée. En me la remettant,
elle m'a recommandé de la bien garder. Ceux qui m'avaient confiée
à elle la lui avaient donnée ainsi qu'un anneau.[30]
30   —Ma belle, puis-je° voir l'anneau?   may I
—Oui, madame, avec grand plaisir.»

---

[28] **La dame...** *the lady brought her daughter there*
[29] **Dites-moi...** *tell me who you have taken it from*
[30] **Ceux qui...** *Those who entrusted me to her gave her the cloth and a ring*

Donc elle a apporté l'anneau, et la dame l'a regardé attentivement. Elle l'a bien reconnu, ainsi que l'étoffe. Elle ne doutait plus; elle croyait, elle savait que Frêne était sa fille. Devant les autres présents, elle s'est écriée:[31]

5 «Belle amie, tu es ma fille.»

Et de l'émotion qu'elle a ressentie, elle est tombée en arrière, évanouie.

Quand elle est revenue de sa pâmoison, elle a envoyé chercher son seigneur. Il est venu, tout effrayé; elle s'est jetée à ses pieds, l'a 10 embrassé étroitement, demandant le pardon de son méfait.° Mais   sin
lui ne savait rien de l'affaire.

«Dame, fait-il, que dites-vous? Nous vivons dans une parfaite harmonie. Tout ce qu'il vous plaira, je vous le pardonne. Dites-moi votre pensée.

15 —Sire, puisque vous m'avez pardonnée, je vous dirai tout. Jadis, dans ma grande vilenie,° j'ai dit des folies° de ma voisine. Je 'l'ai   greed, nonsense
calomniée° à cause de ses deux enfants, et le tort est retombé sur moi.[32]   vilified her
Car lorsque j'ai accouché,° j'ai eu deux filles. J'ai éloigné° l'une; je   gave birth, sent away
l'ai fait déposer près d'un couvent, enveloppée dans cette étoffe que 20 vous m'aviez donnée, portant au bras l'anneau que j'avais reçu de vous, lors° de notre premier rendez-vous. Ce ne peut vous être caché: at the time of
j'ai retrouvé et l'anneau et l'étoffe; j'ai retrouvé ici notre fille que j'avais perdue par ma folie.° Et c'est la jeune fille si prude, si sage, si belle   folly
que le chevalier aimait avant d'épouser sa sœur.»

25 Le sire a dit:

«Je m'en réjouis[33]! Je n'ai jamais été si heureux. Dieu nous a accordé grande grâce puisque nous avons retrouvé notre fille avant que notre faute° fût doublée. Fille, dit-il, venez là!»   sin

La jeune fille s'est réjouie de ce qu'elle avait entendu. Et le 30 chevalier a ressenti une merveilleuse joie, quand il a appris la vérité. L'archevêque a proposé d'annuler le mariage le lendemain pour permettre au chevalier d'épouser Frêne.

---

[31] **Devant les...** *In front of the other people present, she cried out*
[32] **Le tort...** *this wrongdoing came back to haunt me*
[33] **Je m'en...** *I am delighted about this news*

Le père et la mère ont assisté° aux nouvelles noces. Le père, plein   attended
de tendresse pour sa fille retrouvée, lui a accordé tout de suite la
moitié° de son héritage.° Quant à Coudre, elle a suivi° ses parents   half, inheritance, fol-
dans leur pays où ils l'ont mariée richement plus tard.   lowed

5   Quand on a appris cette histoire, on en a fait le lai du «Frêne».
Il tire son titre du nom de la dame.

Milon

I

QUI VEUT VARIER SES contes doit parler, dès° le commencement, assez convenablement° pour plaire aux gens. Je commencerai ici le lai de «Milon», et je montrerai brièvement° pourquoi et comment il a été composé.

Milon était né dans le sud du Pays de Galles.[1] Depuis le jour de son adoubement,° nul n'avait pu 'l'abattre° de son cheval. C'était un bon chevalier brave et hardi,° fier et courtois. Il était bien connu en Irlande, en Norvège, et en Danemark. En Angleterre et en Ecosse° certains 'lui portaient° envie; mais sa prouesse lui valait l'amour de tous les autres et l'amitié de princes.

En sa contrée vivait un baron dont le nom ne me revient pas. Il avait une fille belle et courtoise.

Elle a entendu parler de Milon, et elle en est devenue amoureuse. Elle lui a fait savoir par un messager que, s'il lui plaisait de l'aimer, elle était prête à faire son plaisir.

Pensez si Milon était joyeux! Dans sa réponse, il a remercié la demoiselle et 'lui a engagé° un amour qui n'aurait jamais de fin. Puis il a comblé° de présents le messager et lui a promis son amitié.

«Ami, dit-il, tâche° maintenant d'arranger un rendez-vous entre moi et mon amie, et veille à celer° notre secret. Tu lui porteras mon anneau d'or, le lui donneras de ma part, et lui diras ceci: quand il lui plaira, qu'elle t'envoie me chercher.»

L'autre a pris congé, est retourné à sa demoiselle, lui a donné l'anneau, et lui a dit qu'il 'avait bien rempli° sa mission. Elle en a eu grande joie.

Bien souvent, près de sa chambre, en un verger où elle allait se

---

[1] Milon was born in southern Wales.

délasser, Milon venait la voir; tant il y est venu, tant il l'a aimée, qu'il a mis la demoiselle enceinte.

Quand elle s'en est aperçue, elle a mandé Milon; elle lui a fait sa plainte, elle lui a dit qu'elle avait perdu l'honneur et la vie. La
5 justice tomberait sur elle: elle serait tourmentée 'à l'épée° ou vendue°   by knife, sold
dans un autre pays. C'était la coutume des anciens, et on l'observait en ce temps-là.

Milon a répondu qu'il ferait tout ce qu'elle déciderait.

«Quand l'enfant sera né, dit-elle, vous le porterez à ma sœur,
10 qui est mariée en Northumberland.² C'est une riche dame, loyale et sensée. Vous lui manderez par écrit et oralement que c'est l'enfant de sa sœur, et qu'il lui a causé déjà maintes douleurs. Priez-la de veiller à ce qu'il soit bien élevé, quel qu'il soit, fille ou garçon. Je lui suspendrai au cou votre anneau et j'enverrai une lettre où sera écrit
15 le nom de son père et toute l'aventure de sa mère. Quand il sera grand et parvenu° à l'âge où l'on entend° raison, qu'elle lui remette la lettre   reaches, understands
et l'anneau, en lui recommandant de les bien garder pour pouvoir retrouver son père quelque jour.»

Ils s'en sont tenus à cette décision jusqu'au jour où la demoiselle
20 devait enfanter. Une vieille la gardait; elle 'lui a dévoilé° sa situation;   divulged to her
et la vieille l'a cachée, 'l'a entourée° de telle sorte qu'on ne s'est aperçu   rallied around her
de rien. Elle a mis au monde un fils très beau. Les deux femmes lui ont suspendu au cou l'anneau et une aumônière° de soie contenant   purse
la lettre que nul ne devait lire. Dans un berceau,° elles ont couché   cradle
25 l'enfant enveloppé d'un linge blanc; sous sa tête elles ont mis un oreiller° précieux et sur lui ont placé une couverture 'ourlée de   pillow
martre.° Puis la vieille l'a donné à Milon, qui avait attendu dans le   hemmed in sable
verger. Il l'a confié à des gens sûrs qui 'l'ont emporté° loyalement.   carried him off

Dans les villes où ils passaient, ils s'arrêtaient sept fois par jour;
30 ils le faisaient nourrir, baigner, reposer. Tant ils ont suivi le droit chemin qu'ils l'ont remis à la dame. Elle l'a reçu avec plaisir, a vu la lettre et 'a brisé le sceau;° quand elle a su qui il était, elle s'est mise   broke the seal
à le chérir d'un amour merveilleux. Ceux qui l'avaient apporté sont

---

² The northern-most county in England with numerous castles and known as the "cradle of Christianity."

retournés dans leur pays.

Or Milon était sorti de sa terre 'pour se faire valoir° dans le service   to make himself worthy
de guerre. Son amie était restée chez elle. Et son père l'a promise à un
baron du pays, homme très riche, très puissant et de très grande valeur.

5   Quand elle l'a appris, elle a été très triste; elle regrettait Milon; elle
redoutait° surtout les conséquences du fait qu'elle avait eu un   feared
enfant—son mari le saurait aussitôt.

«Hélas, dit-elle, que ferai-je? Moi, avoir un mari? Comment puis-je?
Je ne suis plus vierge;° alors, je resterai sa servante à tout jamais. Je ne   a virgin
10   savais pas que tout finirait ainsi. Je croyais épouser mon ami; nous
aurions caché l'affaire entre nous. Mieux me vaudrait mourir que vivre,
mais je ne peux pas faire cela non plus. J'ai autour de moi des gardiens,
mes chambellans, qui tous, vieux ou jeunes, haïssent° l'amour et   despise
prennent du plaisir à la tristesse. Il me faut donc tout souffrir,
15   malheureuse, puisque je ne peux pas mourir.»

Arrivé le jour pour lequel on l'avait promise, son sire 'l'a emmenée.°   led her away

II

Milon est revenu au pays. Il 'se désolait,° il se lamentait, il menait   was sorry
20   grand deuil; mais une chose le réconfortait: celle qu'il aimait n'était pas
loin.

Il s'est mis alors à chercher comment il pourrait, sans être découvert,
lui faire savoir qu'il était revenu de terre étrangère.°   foreign

Il a écrit sa lettre, il 'l'a scellée.° Il avait un cygne° qu'il aimait   sealed it up, swan
25   beaucoup; il lui a lié la lettre au cou et la lui a cachée entre les plumes.
Puis il a appelé un écuyer° et lui a confié son message: squire

«Va tout de suite, dit-il, change tes vêtements! Tu vas aller au
château de mon amie. Tu emporteras mon cygne avec toi. Mais prends
bien garde que nul ne le touche, sauf elle.»

30   L'écuyer a obéi. Il a pris le cygne, s'en est allé, a traversé la ville,
est venu au château, s'est arrêté à la porte principale. Il a appelé le
portier:

«Ami, dit-il, écoute-moi. C'est mon métier° de prendre les   line of work oiseaux. Dans un pré au-dessous de Caerléon,[3] j'avais pris dans mon lacet ce cygne. Pour que je ne sois pas gêné ni accusé, je veux en faire présent à la dame, dans l'espoir d'avoir sa protection.»

Le jeune chevalier lui a répondu:

5   «Ami, personne ne parle à ma dame. Néanmoins° j'irai m'informer;   nevertheless
et si je vois une occasion favorable de t'y mener, je te ferai parler avec elle.»

Le portier a regardé dans la grande salle; il n'y avait personne, sauf deux chevaliers qui, assis à une table, jouaient aux échecs.° Il est revenu   chess
10   hâtivement et a introduit le messager de telle sorte que personne ne les a aperçus ni ne les a gênés. Venu à la chambre, le portier a appelé; une jeune fille leur a ouvert la porte. Les deux hommes se sont approchés de la dame et lui ont présenté le cygne.

Elle a appelé un serviteur et lui a dit:

15   «Fais en sorte que mon cygne soit bien gardé et qu'il ait assez à manger.

—Dame, fait celui qui l'avait apporté, personne ne le recevra sauf vous. C'est un vrai présent de roi: voyez comme il est bon et loyal!»

Il le lui a placé entre les mains; elle l'a reçu très bonnement. Elle
20   lui a caressé la tête et le cou, et a senti la lettre sous les plumes. Son sang a tressailli;° elle était toute frémissante: elle a compris que la lettre venait   raced
de son ami. Elle a fait donner de l'argent au messager et l'a renvoyé.

Quand elle a été seule dans sa chambre, elle a appelé une jeune fille, elles ont délié° la lettre, brisé le sceau. Le premier mot qu'elle a   untied
25   lu, c'était «Milon». Elle a reconnu le nom de son ami et cent fois l'a baisé en pleurant, avant de pouvoir en lire davantage.

Au bout d'un certain temps, elle a parcouru° l'écriture. Elle a lu   skimmed through
tout ce qu'il lui disait, ses grandes peines, sa douleur qui ne cessait ni jour ni nuit:

30   «Maintenant tout est dans son pouvoir de le tuer ou de le guérir. Qu'elle invente quelque moyen pour qu'il lui parle et qu'elle le lui mande par une lettre que le cygne portera. Pour cela il faut le bien

---

[3] A town in England often associated with King Arthur's Camelot.

garder, puis le faire jeûner pendant trois jours; puis lui pendre le
lettre au cou; puis le laisser aller. Il volera droit vers son premier
gîte.°»   resting place

    Quand elle a eu bien lu et bien compris, elle 'a fait soigner le
5 cygne:° elle l'a fait manger et boire 'à sa guise.° Elle l'a retenu un mois   had the swan cared for,
dans sa chambre. Entendez maintenant ce qu'elle a fait ensuite!   as he wished

    A force de ruse et d'adresse, elle s'est procuré de l'encre et du
parchemin.[4] Elle a écrit une lettre, l'a scellée de son anneau. Elle a
fait jeûner le cygne, la lui a pendue au cou, l'a laissé partir.

10   L'oiseau était affamé° et convoitait° de la nourriture. Il est revenu   starving, craved
hâtivement là d'où il était venu. Il est arrivé à la ville, puis à la maison,
et s'est posé juste aux pieds de Milon.

    Quand Milon l'a vu, il en a été très joyeux. Il l'a pris par les ailes
en grande joie. Il a appelé son dépensier,[5] a fait donner à manger
15 au cygne, a détaché la lettre, l'a lue d'un bout à l'autre, et s'est réjoui
des salutations et des nouvelles:

    «Sans lui pas de bonheur pour elle. Qu'il lui mande encore son
vouloir par le cygne de la même manière.»

    Il l'a fait aussitôt.

20   Pendant vingt ans, Milon et son amie ont mené cette sorte de
vie. Le cygne était leur seul messager. Ils le faisaient toujours jeûner
avant de le laisser aller; et celui qui le recevait lui donnait sa
nourriture. Ils ont pu même se réunir plusieurs fois.

    Personne ne peut être si pressé ni si étroitement tenu qu'il ne
25 trouve souvent des occasions d'avoir des rendez-vous.

III

Or la dame qui élevait leur fils l'a tant gardé près d'elle qu'il avait
maintenant l'âge de prendre ses armes. Elle l'a fait adouber chevalier.
30 C'était un très gentil garçon.

    Elle lui a remis la lettre et l'anneau. Puis elle lui a dit qui était
sa mère, et l'aventure de son père, et quel bon chevalier c'était, si

---

[4] **À force...** *by dint of cunning and skill, she obtained ink and parchment
paper*

[5] A person in charge of spending or distributing food.

preux, si hardi, si fier qu'il n'y avait pas meilleur au monde.

Il a écouté attentivement. Quand elle a eu tout dit, il s'est réjoui d'avoir un père vaillant et renommé. Il a pensé en lui-même:

«Celui-là devrait s'estimer peu qui, engendré par un père si estimé,
5   ne chercherait pas à se faire valoir hors de sa terre.»

Il avait ce qu'il lui fallait; il 'n'a tardé que° le soir. La dame l'a   only waited until
beaucoup conseillé, exhorté° de bien faire, lui a donné partie de ses biens.   urged

Il s'est embarqué à Southampton,⁶ est arrivé à Barfleur,⁷ est venu droit en Bretagne. Là il a fait de grandes dépenses, a participé à maint
10   tournoi, a fréquenté les hommes nobles. Jamais il n'est venu à un combat sans y être considéré comme le meilleur. Il aimait les chevaliers pauvres et tout ce qu'il gagnait sur les riches, il le leur donnait; il les gardait á son service; et il dépensait libéralement. Jamais il ne s'est reposé 'de plein gré.° Dans toutes ces terres, il a remporté le prix de la valeur. Il   willingly
15   était très courtois, sachant bien de quel faste° un chevalier devait   splendor
s'entourer.

Sa renommée est parvenue jusque dans son lointain pays. On y a répandu la nouvelle qu'un chevalier de la contrée, qui avait passé la mer pour se faire un nom, avait tant fait par sa prouesse, par sa bonté,
20   et par sa générosité que là-bas on l'appelait le Sans-Pair.

Milon a entendu parler du chevalier inconnu et de ses exploits. Il en a été chagriné° et il s'est plaint beaucoup de la renommée de ce   distressed
chevalier. Il lui semblait que tant qu'il était en état de marcher, de porter ses armes et de combattre, nul homme né dans son pays ne devait être
25   estimé ni loué plus que lui.

Il a décidé donc de passer vite la mer et de se mesurer avec le chevalier; s'il pouvait l'abattre de son cheval, cela suffirait à le honnir. Après l'avoir humilié, il irait à la recherche de son fils qui était parti du pays, et dont personne ne savait ce qu'il était devenu.
30   Il a fait savoir son intention à son amie et lui a demandé son congé. C'était toujours le cygne qui a porté la lettre scellée.

Elle l'a remercié de vouloir quitter sa terre pour maintenir son

---

⁶ A town located on the coast of southern England.
⁷ A town on the coast of Normandy.

renom et chercher leur fils; elle ne voulait pas le gêner.

Donc Milon, en riche équipage, est passé en Normandie, est allé jusqu'en Bretagne; il a fait la connaissance de beaucoup de gens, a cherché des tournois, a tenu table ouverte, et a donné largement.

IV

Milon a séjourné° tout un hiver dans ce pays. Il a pris à son service plusieurs bons chevaliers. On est arrivé ainsi jusqu'après Pâques, moment où ont recommencé les tournois, les guerres, les combats.

On s'est assemblé au Mont-Saint-Michel. Normands et Bretons y sont venus, Flamands et Français; mais des Anglais, il n'y en avait guère.

Milon, le fier, le hardi, est arrivé un des premiers. Il a demandé où était le bon chevalier. Les gens n'ont pas manqué pour lui dire d'où il était venu, pour lui décrire ses armes, son écu. Et Milon a observé le héros longtemps.

Le tournoi s'est organisé; qui cherchait une joute,° tôt l'a trouvée; qui voulait parcourir les pistes° en quête° d'un adversaire, y a perdu ou gagné vite.

Quant à Milon, il a bien fait dans ce tournoi, au point de s'attirer des louanges. Mais le jeune homme que vous connaissez l'a emporté sur tous les autres; nul ne pouvait l'égaler ni dans les tournois ni dans les joutes. Milon l'a vu si bien se conduire, si bien éperonner,° si bien frapper que, 'tout en l'enviant,° il avait grand plaisir à le regarder.

Il s'est placé au bout de la piste en face de lui et tous deux ont jouté ensemble. Milon l'a frappé fortement, a rompu sa lance, mais ne l'a pas abattu. Et l'autre en même temps a frappé Milon d'une telle force qu'il l'a renversé de son cheval.

Sous la ventaille, il a distingué la barbe grise et les cheveux chenus:° alors il avait grand regret de l'avoir abattu. Il a arrêté le cheval de Milon par les rênes et le lui a présenté, disant:

«Sire, montez! Je suis désolé d'avoir fait un tel outrage° à un homme de votre âge.»

Glosses (right margin):
- stayed (l. 7)
- joust (l. 17)
- trails, search (l. 18)
- spurred on (l. 23)
- despite his envy (l. 24)
- gone white (l. 30)
- dishonor (l. 33)

Milon s'est relevé, charmé de cette courtoisie. Et comme le jeune homme lui tendait les rênes, il a reconnu l'anneau à son doigt. Il lui a adressé la parole:

«Ami, écoute-moi. Pour l'amour de Dieu tout-puissant, dis-moi
5 comment se nomme ton père. Qui est ta mère? Quel est ton nom? Je veux savoir la vérité. J'ai beaucoup vu, beaucoup voyagé, je suis allé me battre ou tournoyer dans bien des terres lointaines; mais jamais coup reçu de chevalier n'avait pu me faire tomber de mon cheval! Toi seul m'as abattu à la joute; je me sens pour toi merveilleuse
10 amitié.»

Et lui a répondu:

«De mon père, je vous dirai tout ce que j'en sais. Je crois qu'il est né dans le Pays de Galles. Il se nomme Milon. Il a aimé la fille d'un homme riche et 'm'a engendré° secrètement en elle.   fathered me
15 J'ai été envoyé en Northumberland; c'est là que j'ai été élevé et éduqué. Une de mes tantes s'en est chargée. Elle m'a gardé près d'elle, puis m'a donné cheval et armes et m'a envoyé dans cette terre. Je demeure ici depuis longtemps. Mais je désire passer bientôt la mer et revenir en ma contrée. Je veux connaître la
20 situation de mon père, comment il se comporte avec ma mère. Je lui montrerai cet anneau d'or et je lui donnerai de telles preuves qu'il ne saurait 'me renier.° Sûrement il m'accueillera et me   disavow me
tiendra pour son ami.»

Quand Milon l'a entendu parler ainsi, il n'a pu l'écouter
25 davantage. Il a sauté promptement en avant, l'a pris par un pan de son haubert.[8]

«Hé Dieu, dit-il, comme je suis heureux! Par ma foi, ami, tu es mon fils! C'est pour te chercher que je suis sorti dernièrement de ma terre.»

30 Le jeune homme l'a entendu. Il est descendu de son cheval et a embrassé tendrement son père. Ils se sont réjouis et se sont dit de telles paroles que tous ceux qui les regardaient ont pleuré de joie

---

[8] **Par un...** *by a flap of his coat of mail*

et de pitié.

Quand le tournoi a pris fin, Milon s'en est allé; il lui tardait de parler à loisir avec son fils. Ils ont passé la nuit dans une auberge. Ils y ont mené grande joie et grand divertissement;° il y avait là   amusement
5 beaucoup de chevaliers.

Milon a conté à son fils comment il avait aimé sa mère, comment elle avait été donnée à un baron du pays, comment ils ont continué à s'aimer de tout leur cœur, elle et lui, et comment ils ont échangé des lettres par le moyen du cygne, seul messager auquel ils osaient
10 se fier.[9]

Le fils a répondu:

«Par ma foi, mon père, je veux vous réunir, ma mère et vous. Je tuerai le seigneur qu'elle a et je vous la ferai épouser.»

Ils ont cessé de parler et le lendemain se sont préparés à partir.
15 Ils ont pris congé de leurs amis pour revenir dans leur pays. Le vent était bon. Ils ont traversé vite la mer.

En route, ils ont rencontré un jeune homme. La dame l'avait envoyé à Milon; il allait passer en Bretagne; voilà son voyage abrégé.°   cut short
Il a donné à Milon une lettre scellée et oralement lui a dit de venir
20 sans tarder: son sire est mort, qu'il se hâte!

Quand Milon a entendu la nouvelle, elle lui a semblé merveilleuse. Il l'a dite à son fils. Plus d'obstacle ni de répit.° Ils ont   rest breaks
poussé leurs chevaux tant qu'ils sont arrivés au château de la dame. Elle était très heureuse de revoir son ami et son fils si preux, si
25 charmant. Ils n'ont pas convoqué de parents: sans conseil d'aucune sorte, le fils les a unis tous deux et a donné son père à sa mère. Dès lors ils ont vécu nuit et jour en grand bonheur et en grande douceur.

Les anciens ont fait ce lai sur leur amour et leur bonheur. Et moi, qui l'ai mis par écrit, j'ai pris grand plaisir à vous le conter.

---

[9] **Seul message...** *the only messenger he dared put his trust in*

Eliduc

I

JE VOUS DIRAI L'HISTOIRE et l'explication d'un très ancien lai breton, comme j'en entends la vérité, bien sûr.

Il y avait une fois en Bretagne un chevalier preux et courtois, hardi et fier. Dans tout le pays, on n'aurait pas trouvé plus vaillant homme. Il s'appelait Eliduc. Noble et sage était Guildeluec, sa femme, issue de haut parage.[1] Ils vivaient ensemble depuis longtemps et s'aimaient loyalement. Mais un jour, il est allé à l'étranger pour faire des services de guerre. Là-bas il est tombé amoureux d'une jeune princesse appelée Guilliadun; dans le royaume il n'y en avait pas de plus belle. Le lai a reçu son nom de ces deux femmes, Guildelec et Guilliadun. Au début on l'avait appelé «Eliduc», mais de nos jours il est mieux connu sous les noms des dames qui ont fourni° la base du   provided
lai. Ecoutez cette histoire.

Eliduc avait pour seigneur un roi de la Petite Bretagne, qui l'aimait bien et le chérissait beaucoup; et lui le servait fidèlement. Quand le roi était obligé de voyager, Eliduc 'avait le commandement° de sa terre.   was in charge
Cela lui valait des avantages:[2] il pouvait chasser librement dans les forêts; pas de forestier assez hardi pour oser l'en empêcher ou murmurer contre lui.[3]

On l'enviait, comme c'est l'humaine coutume; et il a été tellement discrédité, diffamé,° calomnié auprès de son seigneur que celui-ci l'a   falsely accused
banni de la cour sans l'entendre. Eliduc ne savait pourquoi. A bien des reprises, il a conjuré° le roi de ne pas croire les calomniateurs, d'entendre   beseeched
sa défense, car il l'avait bien servi. Mais le roi ne répondait pas. Donc Eliduc s'est vu obligé de partir.

---

[1] **De haut...** *from noble lineage*
[2] **Cela lui...** *this earned him privileges*
[3] **Pour oser...** *to dare get in his way or to complain about him*

Il est revenu à sa maison, il a fait venir tous ses amis, il leur a appris la colère que le roi son seigneur avait contre lui.

«Je l'ai servi de tout mon pouvoir; alors il ne doit pas être ingrat. Certes, il a raison, le paysan qui grogne,° derrière le dos de son valet   *grumbles*
5 de ferme, le proverbe «patience du seigneur ne dure pas». Qui ressent de la loyauté pour son seigneur et de l'amour pour ses voisins est sage et avisé. Donc je ne resterai plus dans ce pays; je passerai la mer; j'irai dans le royaume de Logre[4] où je séjournerai quelque temps. Pour ma femme, je la laisserai dans sa terre; je recommanderai à mes
10 hommes et à mes amis de la garder avec loyauté.»

Il s'est arrêté à cette décision, s'est équipé richement. Ses amis étaient désolés parce qu'il partait. Il a emmené avec lui dix chevaliers et, pendant quelques lieues,° sa femme qui l'a accompagné. Elle a   *leagues*
mené grande douleur au moment de le quitter; mais il a promis de
15 lui rester fidèle. Alors ils se sont séparés. Il a suivi la route droit devant lui, est arrivé à la mer, l'a traversée et a débarqué° à Totness.[5]   *disembarked*

Là° régnaient plusieurs rois et la discorde était entre eux. Du   *there*
côté d'Exeter[6] demeurait l'un d'eux, qui était très puissant et vieux. Il n'avait pas d'héritier mâle—seulement une fille, bonne à marier.
20 Comme il refusait de la donner à son pair, celui-ci le guerroyait° et   *waged war*
dévastait toute sa terre. Il le tenait même enfermé dans une ville forte, et il n'y avait pas dans cette ville homme assez audacieux° pour sortir   *daring*
contre l'assiégeant et lui livrer° bataille.   *to bring*

Eliduc en a entendu parler. Il n'a pas désiré aller plus loin:
25 puisqu'ici il y avait la guerre, ici il resterait; il a décidé d'entrer au service du roi qui était dans la plus grande détresse. Il a envoyé des messagers pour offrir son aide; si le roi ne voulait pas l'accepter, qu'il lui donne un sauf-conduit[7] par sa terre.

Quand le roi a vu les messagers, il les a accueillis avec chaleur.
30 Il a appelé son connétable[8] et a demandé une escorte pour le baron, un logement pour lui et ses hommes, le paiement de toutes leurs

---

[4] A name used in ancient chronicles to designate England.

[5] A town in Devonshire, England.

[6] Another town in Devonshire, England.

[7] A document assuring safe passage.

[8] A supreme commander of a king or feudal lord in the Middle Ages.

dépenses pour un mois. Voilà Eliduc reçu à la cour en grand honneur.

Son logement était chez un bourgeois sage et courtois. Son hôte avait préparé pour lui une belle chambre garnie° de tapisseries. Eliduc faisait venir à ses repas les chevaliers pauvres qui étaient logés dans 5 le bourg;° il a défendu à tous ses hommes d'accepter, pendant les quarante premiers jours, ni argent ni autre rémunération.°

Au troisième jour, le cri s'est levé dans les rues que les ennemis étaient proches et sur le point de 'monter à l'assaut.° Ayant entendu les cris de terreur, Eliduc et ses compagnons se sont armés sans délai. 10 Puis quatorze autres chevaliers, blessés ou prisonniers de guerre, qui se trouvaient dans la ville, sont allés prendre leurs armes et, sans attendre des ordres, sont sortis par la porte à la suite d'Eliduc.

«Sire, font-ils, nous voulons vous suivre et faire ce que vous ferez.»

15 Il leur a répondu:

«Je vous en remercie. Y aurait-il quelqu'un d'entre vous qui connaisse un passage difficile ou étroit où l'on pourrait surprendre° les ennemis? Si nous les attendons ici, il se peut que nous nous battions avec eux; mais cela ne sert à rien si l'on sait faire mieux.»

20 Les autres ont dit:

«Sire, près de ce bois, dans un taillis,° il y a un étroit chemin qu'ils emploient; quand ils auront fait leur butin,° ils retourneront par là, désarmés, insouciants; qui risquerait de mourir sans façons pourrait bien vite leur causer des pertes et leur faire honte du tort qu'ils ont 25 causé.»

Eliduc a dit:

«Mes amis, 'je vous engage ma foi,° celui qui ne va pas ne gagnera guère et n'acquerra pas de valeur. Vous êtes tous hommes du roi et vous devez lui porter grande foi. Suivez-moi et faites ce que je 30 ferai! Je vous promets mon aide. Même si nous ne pouvons rien gagner, nous aurons du moins le grand mérite de causer du dommage° à nos ennemis.»

Ils ont accepté la promesse et l'ont mené jusqu'au bois. Eliduc et ses chevaliers 'se sont embusqués° au bord du chemin pour 35 attendre les ennemis. Quand ceux-ci sont entrés dans le passage, Eliduc a jeté son cri. Il a appelé tous ses compagnons, il les a exhortés

Margin glosses:
filled
village
pay
launch an attack
surprise
thicket
booty
I pledge to you
injury
lay in wait

à bien faire. Ils ont frappé de grands coups, 'sans rien épargner.°   sparing nothing

Les ennemis ont été frappés de stupeur: ils n'y pouvaient résister,
ils 'se sont laissés rompre,° se sont dispersés et 'se sont enfuis.° Main   broke rank, fled
ceux d'Eliduc ont gardé prisonniers leur connétable et tant d'autres
5   chevaliers qu'ils en ont chargé leurs écuyers; vingt-cinq ont pris trente!
'Avec entrain,° ils ont ramassé les équipements:° merveilleux était   with gusto, supplies
le butin. Puis ils sont retournés, très joyeux d'avoir si bien réussi.

Le roi assiégé° se tenait sur une tour. Il s'inquiétait de ses hommes   under attack
et il se plaignait fortement d'Eliduc, car il croyait que celui-ci avait
10   exposé ses chevaliers par trahison. Il les a vus venir, 'en troupe serrée,°   close together
avec leur butin sur des bêtes de somme. Ils étaient plus nombreux
au retour qu'au départ; pour cette raison, le roi ne les a pas reconnus
et il 'est demeuré dans le doute,° ne sachant 'que penser.° Il a   remained doubtful, no
commandé qu'on fermât les portes et que les gens montassent aux   knowing what
15   murailles pour recevoir à coups de pierres et de flèches ceux qui
arrivaient;[9] mais il n'en serait pas besoin. Ils ont envoyé en avant
un écuyer qui est venu à grande allure. Il a conté les exploits d'Eliduc:
comme il s'est comporté et comme il a vaincu les assiégeants; jamais
un tel chevalier n'avait existé auparavant;[10] il a fait prisonnier le
20   connétable et vingt-neuf autres; il a blessé et tué beaucoup des
ennemis.

Quand le roi a entendu la nouvelle, il en a éprouvé grande joie.
Il est descendu de sa tour, il est venu au devant d'Eliduc. Il l'a
remercié de son aide. Eliduc lui a remis ses prisonniers et a partagé
25   le butin entre les gens de la ville; il n'a gardé pour lui que trois
chevaux qui lui étaient alloués;° il a distribué tout le reste aux   allocated
prisonniers et aux autres. Et le roi 'lui a prodigué° son amitié. Il l'a   lavished on him
retenu une année avec ceux qui l'accompagnaient; il 'a reçu son
serment,° il l'a établi gardien de sa terre.   accepted his vow
30

---

[9] **Qu'on fermât...** *that the doors be closed and that his people climb the city*
walls to greet those who were arriving with stones and arrows
[10] **Jamais un...** *never before did such a knight exist*

II

C'était un beau chevalier qu'Eliduc, courtois et sage, preux et libéral.° Quelqu'un l'a nommé devant la fille du roi et a raconté ses mérites. Par un de ses chambellans, elle l'a prié de venir chez elle pour se promener, causer et lier amitié.[11] Elle lui marquait sa surprise de ne l'avoir pas encore vu. Eliduc a répondu qu'il viendrait et ferait sa connaissance très volontiers.

Il est monté sur son cheval de guerre, a pris un chevalier avec lui, et s'en est allé chez la jeune fille. Au seuil° de la chambre, il a envoyé devant lui le chambellan et a attendu que l'autre revînt pour le faire entrer.

Avec 'son air doux,° son visage ouvert, son comportement° très noble, il a remercié honnêtement la demoiselle Guilliadun, qui était très belle, de l'avoir mandé.

Elle l'a pris par la main, et sur un lit tous deux se sont assis. Ils ont parlé de bien des choses. Elle le regardait beaucoup, son visage, son corps, sa mine.° Elle se disait: en lui, rien de déplaisant; et elle le prisait haut dans son cœur. Alors Amour lui a lancé cette flèche qui nous incite° à aimer: et la voilà qui a pâli,° qui a soupiré. Mais elle n'a pas voulu lui avouer son mal, de peur qu'il ne répondît par le mépris.[12]

Il est resté là longtemps, puis a demandé congé d'elle. Elle le lui a donné bien contre son gré, mais néanmoins il est parti et est retourné à son logement, tout morne,° tout pensif.

Elle l'a mis en grand trouble, la fille de son seigneur le roi, par ses paroles si douces et ses soupirs qu'il avait entendus. Il se trouvait bien malheureux d'avoir déjà tant vécu dans ce pays sans l'avoir vue souvent. Mais dès qu'il eut dit cela, il s'en est repenti: il s'est souvenu de sa femme, et comme il l'avait assurée de sa bonne foi et conduite loyale.

La jeune fille avait résolu d'en faire son ami. Jamais elle n'avait

Margin glosses:
generous
at the entrance
his sweet look, behavior
expression
prompts, turned pale
forlorn

---

[11] **Elle l'a...** *she entreated him to come to her abode for a walk, a chat, and to cement their friendship*

[12] **De peur...** *for fear he would respond with disdain*

tant prisé un homme; si elle pouvait, elle le prendrait en service amoureux. Toute la nuit elle a pensé, et n'a dormi ni ne s'est reposée.

Le lendemain elle s'est levée 'de bonne heure,° elle est venue   *very early*
à la fenêtre, elle a appelé son chambellan; et elle lui a expliqué sa
5 situation.

«Par ma foi, dit-elle, cela va mal pour moi! Je suis tombée dans une mauvaise affaire: j'aime le nouvel homme de guerre, Eliduc, le bon chevalier. Cette nuit, je n'ai pu me reposer ni fermer mes yeux pour dormir. S'il veut m'aimer d'amour et 'm'assurer de° son corps,   *pledge to me*
10 je suis toute prête à faire son plaisir. Et grand bien peut lui en advenir, comme d'être un jour roi de ce royaume. Il est si sage, si courtois que, s'il ne veut m'aimer, j'en mourrai de douleur.»

Quand elle eut découvert sa pensée, le chambellan lui a donné un conseil loyal:

15 «Dame, fait-il, puisque vous l'aimez, mandez-lui quelque message, envoyez-lui quelque cadeau, comme une ceinture,° un   *belt*
lacet,° ou un anneau. S'il le reçoit avec amitié et se réjouit du message,   *some lace*
soyez sûre qu'il vous aime. Il n'est empereur sous le ciel, si vous daigniez° l'aimer, qui ne doive en être très heureux.»   *consent*

20 Quand la demoiselle a entendu ce conseil, elle a répondu:

«Comment saurai-je par ce cadeau s'il est enclin à m'aimer?[13] Je n'ai jamais vu chevalier se faire prier, qu'il soit plein d'amour ou plein de haine,[14] pour garder le présent qu'on lui envoie. Ce que je redoute surtout, c'est qu'il me raille.[15] Cependant il est vrai que par
25 sa mine on peut deviner sa pensée. Préparez-vous donc et allez chez lui.

—Je suis, dit-il, tout apprêté.

—Vous lui porterez cet anneau d'or et vous lui donnerez ma ceinture. Et de ma part vous le saluerez mille fois.»

30 Le chambellan est parti. Elle était si troublée qu'elle a failli le rappeler; cependant elle l'a laissé aller. Puis elle a commencé à se lamenter:

---

[13] **S'il est…** *if he is receptive to my love*
[14] **Se faire…** *hesitate so, whether full of love or full of hate*
[15] **Ce que…** *what I fear most of all is that he will mock me*

«Hélas! Comme il a été surpris, mon cœur, par un homme de pays étranger! Je ne sais s'il est de haute famille, s'il ne s'en ira pas bientôt. Et moi je resterai ici, douloureuse! C'est vers la folie que j'ai dirigé° mes pensées! Hier je lui ai parlé pour la première fois, et °have steered
5 aujourd'hui je lui fais demander de m'aimer. Je crois qu'il va me blâmer; mais s'il est courtois, il me saura gré. Maintenant 'le sort est jeté.° S'il n'a souci de m'aimer, je me tiendrai pour bien misérable; °the die is cast jamais plus je n'aurai de joie en ma vie.»

Tandis qu'elle se lamentait, le chambellan se pressait. Il est venu
10 chez Eliduc. En secret, il lui a répété les saluts de la jeune fille, il lui a présenté l'anneau et la ceinture. Le chevalier l'a remercié. L'anneau d'or, il l'a mis à son doigt; la ceinture, il l'a ceinte. Le chambellan n'en a pas demandé plus, et le chevalier n'en a pas dit davantage, sauf qu'il lui a offert de son avoir; mais l'autre, sans rien accepter,
15 s'en est allé.

Il est revenu vers sa demoiselle. Il l'a trouvée dans sa chambre, il l'a saluée de la part d'Eliduc et l'a remerciée du cadeau.

«Allons, dit-elle, ne me cachez rien! Veut-il m'aimer d'amour?

—A mon avis, répond-il, le chevalier n'est pas de mœurs légères;
20 je le tiens pour sage et courtois, car il sait bien cacher ses sentiments. Je l'ai salué de votre part en lui présentant votre envoi. Il s'est ceint de votre ceinture, il l'a bien serrée autour de ses flancs; l'anneau, il l'a mis à son doigt. Je n'ai pas parlé davantage, ni lui non plus.

—Mais ne l'a-t-il pas reçu comme gage d'amour? 'Il se peut que° °it is possible that
25 je sois trahie!

—Par ma foi, je ne sais. Ecoutez-moi bien: s'il ne penchait pas vers vous,[16] il n'aurait rien voulu prendre.

—'Vous voulez rire.° Je sais bien qu'il ne me hait pas. Je ne lui °you must be kidding ai jamais fait de tort, sauf en l'aimant beaucoup; si pourtant il voulait
30 me haïr, il serait digne de la plus laide des morts. Désormais, tant que je ne lui aurai pas parlé, je ne lui manderai plus rien, ne par vous, ni par un autre. Je veux lui montrer moi-même comment l'amour me torture. Mais j'ignore° s'il doit rester dans ce pays. °I don't know

—Dame, le roi l'a retenu pour un an, et il a juré de le servir un

---

[16] **S'il ne...** *if he were not leaning towards you*

an avec loyauté. Ainsi vous avez le loisir de dire votre pensée.»

Quand elle a appris qu'Eliduc restait, elle s'en est fort réjouie; le délai surtout l'a rendue très heureuse. Elle ne savait rien de la douleur où le chevalier était plongé, depuis qu'il l'avait vue.

5   Il n'avait plus ni joie ni plaisir, sauf quand il pensait à elle. Il déplorait son infortune: il avait promis à sa femme, avant de quitter son pays, de n'en pas aimer d'autre qu'elle. Et voilà que son cœur était en grand émoi! Il voulait garder sa loyauté; mais il ne pouvait pas s'empêcher d'aimer la demoiselle Guilliadun, qui tant était belle,

10   et de la voir, de lui parler, de la baiser, de l'embrasser. Or il ne pouvait la requérir d'amour,° sans déshonneur double: tant pour la foi qu'il   solicit her love devait à sa femme que pour celle qu'il devait au roi. Eliduc était en grande détresse.

Sans plus tarder, il est monté en selle,° il a appelé à lui ses   saddled up
15   compagnons. Il ira au château parler au roi. Il espérait y voir la demoiselle. Voilà la pensée qui l'a mis en route.°   sent him on his way

Le roi s'était déjà levé de table, il était entré dans les chambres de sa fille. Il avait commencé une partie d'échecs° avec un chevalier   game of chess d'outre-mer;° en même temps il apprenait à sa fille les règles° du   from overseas, rules
20   jeu.

Eliduc s'est approché. Le roi lui a fait très gracieux accueil. Et il a dit à sa fille:

«Demoiselle, vous devriez bien entretenir des relations amicales avec ce chevalier et lui témoigner grand honneur: entre cinq cents,
25   il n'y a pas de meilleur.»

Quand la jeune fille a entendu l'ordre de son père, elle en a été très contente. Elle s'est levée, en appelant le chevalier; loin des autres ils s'en sont allés s'asseoir. Tous deux étaient épris d'amour. Elle n'osait lui adresser la parole; lui redoutait de lui parler, sauf pour
30   la remercier du cadeau qu'elle lui avait envoyé: jamais il n'avait reçu de don° plus précieux.   gift

Elle a répondu au chevalier qu'elle en était très heureuse. Cet anneau qu'elle lui avait envoyé, et cette ceinture aussi, c'était pour lui donner droit de maître° sur son corps; elle l'aimait d'un tel amour   master's rights
35   qu'elle voulait faire de lui son seigneur. Et si elle ne pouvait l'avoir, qu'il le sache bien:° jamais aucun homme vivant ne la prendrait.   he should know this

Maintenant c'était son tour° de dire sa pensée.   turn

«Dame, fait-il, je vous sais grand gré de votre amour; j'en ai grande joie. Et de voir que vous m'avez tellement estimé, j'en suis aussi extrêmement content; c'est une pensée qui ne me quittera plus.
5 Mais je suis avec le roi pour un an seulement; j'en ai pris l'engagement. Quand sa guerre sera finie, je m'en irai dans mon pays; car je ne pourrai rester davantage, si je puis avoir votre permission de partir.»

La jeune fille lui a répondu:

10 «Ami, grand merci! Mais, vous êtes si sage et si courtois que vous aurez bien décidé auparavant ce que vous voudriez faire de moi.[17] Je mets en vous tout mon amour et toute ma foi.»

Ainsi ils se sont engagés l'un à l'autre et, cette fois, ils ne se sont plus parlés.

15 Eliduc est rentré à son logis,° tout joyeux. Désormais il pouvait   dwelling parler souvent avec son amie. Très étroite était leur liaison. Et il a tant donné ses soins à la guerre qu'il a fait prisonnier celui qui faisait la guerre au roi, libérant ainsi tout le pays. On l'estimait haut pour sa prouesse, pour son bon sens, pour sa libéralité. Tout lui réussissait.[18]
20

III

Or voici que sont arrivés trois messagers envoyés par son premier seigneur. Il était en grand danger. Il allait perdant tous ses châteaux, consommant la ruine de toute sa terre.[19] Très souvent il s'était repenti
25 de s'être séparé d'Eliduc. On l'avait mal conseillé et l'avait fait agir à tort. Mais les traîtres qui l'avaient calomnié, il les avait jetés hors du pays, en exil pour toujours. Dans sa grande détresse, il requérait Eliduc, l'exhortait, le suppliait par la foi qu'il lui avait accordée, quand il avait pris son hommage, de lui venir en aide; car il en avait très
30 grand besoin.

---

[17] **Vous aurez...** *you would have decided well before what to do with me*
[18] **Tout lui...** *he succeeded in every way*
[19] **Il allait...** *he was going around losing all his castles, assuring the ruin of all his land*

Eliduc a écouté le messager. Les nouvelles lui étaient désagréables, car il aimait profondément la demoiselle, et elle lui, tant que plus ne se pouvait. Mais il n'y avait eu entre eux nulle folie, ni légèreté, ni imprudence: parler, échanger leurs beaux avoirs, voilà tout le
⁵ 'commerce amoureux° de ces deux amis. Elle n'avait qu'une   *loving exchanges*
préoccupation, qu'un espoir: le retenir, l'avoir tout à elle; elle ne savait pas qu'il avait déjà une femme.

«Hélas, fait-il, j'ai mal agi! Je suis resté trop longtemps dans ce pays. 'Maudite soit° l'heure où j'ai vu cette contrée! J'y ai aimé une   *cursed be*
¹⁰ jeune fille de tout mon cœur, et elle m'a aimé de tout le sien. Quand il faudra me séparer d'elle, l'un de nous va mourir, peut-être tous les deux. Et néanmoins, il faut que je parte; mon sire m'a mandé par lettre, m'a adjuré sur mon serment,[20] et il faut maintenant aussi que je me soucie de ma femme. Je ne peux plus rester, je suis obligé de
¹⁵ m'en aller. Mais si j'épousais mon amie? Non, la religion chrétienne 'ne le souffrirait pas.° Des deux côtés, c'est mal. Dieu, comme la   *would not endure this*
séparation est dure! Quelque dommage que j'en souffre, je lui ferai toujours droit, à elle. Je ferai tout ce qu'elle désire, j'agirai selon 'son avis.° Le roi, son seigneur, a bonne paix: je ne crois pas que nul le   *her wishes*
²⁰ guerroie davantage; pour le service de mon premier seigneur, je vais lui demander congé avant le temps convenu. Et j'irai parler aussi à la demoiselle, je lui expliquerai l'affaire: elle me dira sa volonté et je la ferai selon mon pouvoir.»

Le chevalier n'a plus tardé; il est allé prendre le congé du roi.
²⁵ Il lui a conté ce qui s'était passé, lui a lu la lettre que son premier sire en détresse lui avait envoyée. Le roi a entendu le message, et aussi qu'Eliduc ne resterait pas; il en était désolé. Il lui a offert beaucoup de son bien, lui a promis la troisième partie de son héritage et de son trésor; s'il demeurait, il ferait tant qu'Eliduc le louerait tous les
³⁰ jours de sa vie.

«Par Dieu, dit Eliduc, mon premier sire est actuellement en grande détresse, il m'appelle, je veux aller l'aider. Je ne resterai ici pour rien au monde. Mais si jamais vous avez besoin de mon service, je reviendrai très volontiers, avec une grande troupe de chevaliers.»

---

[20] **M'a adjuré...** *pleaded with me by invoking my oath to him*

Le roi l'a remercié et bonnement lui a donné congé. Toutes les richesses de son palais, il les lui a abandonnées, or et argent, chiens et chevaux, vêtements de soie bons et bien faits. Eliduc en a pris en modération, puis lui a dit avec gentillesse qu'il irait très volontiers
5 parler à sa fille, s'il permettait. Le roi a répondu: «Cela me plaît beaucoup.»

Il a envoyé un jeune homme pour ouvrir la porte de la chambre. Eliduc est entré. Quand elle l'a vu, elle l'a appelé et lui a fait mille et mille saluts.[21] Il 'a abordé l'affaire,° lui a expliqué brièvement   raised the issue
10 pourquoi il devait partir. Avant qu'il eût fini et demandé congé, elle a perdu toute sa couleur et s'est évanouie. Quand Eliduc l'a vue en pâmoison, il s'est mis à gémir.° Il l'a relevée, l'a soutenue entre ses   to moan bras, lui a baisé souvent la bouche et a pleuré très tendrement jusqu'à ce qu'elle soit revenue de sa pâmoison.

15 «Par Dieu, fait-il, ma douce amie, souffrez un peu que je vous dise: vous êtes ma vie et ma mort, en vous est tout mon bonheur; si je vous dis tout, c'est qu'il n'y a que confiance entre nous. J'ai besoin d'aller dans mon pays, et j'ai déjà pris congé de votre père; mais je ferai ce que vous désirez, quoi qu'il puisse advenir.
20 —Emmenez-moi avec vous, dit-elle, puisque vous ne pouvez rester. Autrement, je me tuerai; je n'aurai plus de joie.»

Eliduc l'aimait de très véritable amour; alors il lui a répondu avec douceur:

«Belle, je suis lié à votre père par un serment jusqu'au terme qui
25 a été fixé: si je vous emmenais maintenant, je manquerais à 'ma foi donnée.° Mais si vous voulez me donner congé, m'accorder répit   my sworn allegiance et me fixer un jour, il n'est rien au monde, je vous le jure, qui puisse m'empêcher de revenir vous prendre, pourvu que je sois sain et vivant. Ma vie est entièrement entre vos mains.»

30 Elle l'aimait beaucoup; alors elle lui a accordé un délai et lui a fixé un jour pour revenir la prendre. Grand était leur deuil quand ils 'ont dû° se séparer! Ils ont échangé leurs anneaux d'or et   had to doucement ils se sont embrassés.

Eliduc est allé jusqu'au bord de la mer. Le vent était bon, il a

---

[21] **Mille et...** *thousands and thousands of greetings*

vite traversé l'eau. Quand on l'a vu de retour, tout le monde en a été très content, son sire, ses amis, ses parents, et surtout sa femme, qui était si belle, si sage, et si prude. Mais lui demeurait toujours soucieux, à cause de l'amour dont il avait été surpris; jamais, pour chose qu'il

5 vît, il ne montrait quelque joie ni ne faisait beau semblant;[22] il ne pouvait pas être heureux avant de revoir son amie. Et il se comportait de manière dissimulée.°   covert

Sa femme en était triste. Ne sachant pas ce que ce pouvait être, elle se désolait. Elle lui demandait souvent s'il avait entendu dire qu'elle

10 avait méfait pendant qu'il était hors du pays; elle était prête à se justifier devant ses gens, quand il voudrait.

«Dame, fait-il, je ne vous accuse pas de faute ni de tort. Mais au pays où j'ai été, il y an un roi auquel j'ai juré de revenir, car il a grand besoin de moi. Si mon sire avait la paix, je ne resterais pas ici huit jours.

15 Elle est bien difficile, l'entreprise qui m'attend là-bas. Mais 'jusqu'à ce que j'y retourne,° je n'aurai joie pour chose vivante: car je ne veux pas   until my return négliger ma foi jurée.»

Alors la dame l'a laissé tranquille.

Eliduc aidait beaucoup son seigneur; celui-ci agissait selon ses

20 conseils et protégeait toute sa terre. Main à l'approche du terme que la demoiselle lui avait fixé, il s'est occupé de faire la paix: il a conclu un accord avec tous les ennemis. Puis il a préparé son voyage et a choisi ses compagnons. Ce seraient seulement deux de ses neveux qu'il aimait beaucoup, un chambellan qui connaissait son secret, et ses écuyers. Il

25 leur a fait jurer de celer toute l'affaire.

Sans plus attendre, ils se sont mis en mer. Ils ont passé rapidement les flots. Le voilà dans le pays de celle qui l'attendait.

IV

Eliduc a agi en homme avisé: il s'est logé loin de 'tout havre,° car   any port

30 il ne voulait être ni vu ni reconnu. Puis il a fait préparer son chambellan pour l'envoyer à son amie. Il lui a mandé que, fidèle à sa promesse, il était revenu; le soir, quand il serait 'nuit close,° elle devrait   completely dark

---

[22] **Jamais, pour…** *never, no matter what he saw, did he show joy or look happy*

sortir de la ville; le chambellan la conduirait, el lui-même viendrait à leur rencontre.

Le chambellan avait changé tous ses vêtements. Il s'en est allé à pied, tranquillement, droit à la ville où se trouvait la fille du roi. 5 Tant il s'est efforcé qu'il a obtenu de pénétrer dans sa chambre. Il a salué la demoiselle et lui a dit que son ami était de retour.

Quand la demoiselle, triste et abattue, l'a entendu, elle a pleuré de tendre joie et a embrassé souvent le messager. Il lui a dit qu'à la tombée du soir elle devrait partir avec lui. Toute la journée, ils sont 10 restés ensemble, se préparant pour le départ. La nuit, quand le calme régnait, ils ont quitté la ville, le jeune homme et la demoiselle, seuls tous deux. Elle avait grande peur d'être aperçue. Elle était vêtue d'un vêtement de soie, finement brodé d'or, et recouvert d'un court manteau.

15 A un 'trait d'arc° de la porte, il y avait un bois clos° d'une belle haie.° Sous la haie, son ami les attendait. C'est là que le chambellan l'a amenée. Grande était leur joie quand ils se sont retrouvés. Il l'a baisée, l'a prise sur son cheval, 'a rassemblé les rênes° et s'en est allé hâtivement avec elle jusqu'au havre de Totness. Sans tarder, ils sont 20 montés dans le bateau, où ses compagnons attendaient.

La brise était bonne, le temps était calme, pendant le voyage. Mais comme ils allaient arriver, un orage° est né en mer; le vent s'est levé contre eux; il les a rejetés loin du havre, il a brisé leur vergue, a déchiré les voiles.[23] Ils ont prié dévotement Dieu, saint Nicolas, 25 saint Clément[24] et madame sainte Marie: qu'elle implorât son fils pour eux, qu'elle les empêchât de périr et leur permît d'entrer au havre![25] Ils sont allés ainsi dérivant au large de la côte,[26] une heure en arrière, une heure en avant. Certes, ils étaient très près de 'faire naufrage.°

distance an arrow flies,
enclosed by; hedge

gathered the reins

storm

shipwreck

---

[23] **Il les...** *the wind tossed them far from port, broke the ship's yard, tore the sails. A ship's yard is a cross piece of wood that supports the mast.*

[24] *A great scholar in the time of Charlemagne.*

[25] **Qu'elle le...** *that she intervene with her son on their behalf, that she keep them from perishing and allow them to reach the port*

[26] **Dérivant au...** *tossing this way and that up and down the coast*

Un des marins s'est écrié très fort:

«Que faisons-nous? Sire, vous avez ici dedans, à vos côtés, celle par qui nous périssons! Jamais nous ne viendrons à terre. Vous avez pour épouse une femme fidèle et vous en amenez près d'elle une autre, contre 'toute droiture° et toute loyauté, contre la loi de Dieu même! Laissez-nous jeter celle-ci à la mer, et nous toucherons terre bientôt.»   all that is upright

Eliduc l'a entendu, il a failli éclater° de fureur.   exploded

«Fils de chienne, dit-il, méchant, faux traître, tais-toi! Si je pouvais quitter mon amie, je te le ferais payer cher.»

Mais il la soutenait entre ses bras, il la réconfortait autant qu'il pouvait du mal qu'elle avait en mer et de cette nouvelle souffrance: d'apprendre que son ami avait autre épouse qu'elle, en son pays.

Elle 's'est pâmée,° elle est tombée sur son visage, toute décolorée.   fainted Et elle est restée en pâmoison, si bien qu'elle n'a remué et n'a soupiré plus.[27]

Eliduc a cru qu'elle était morte vraiment. Il a mené grand deuil. Puis il s'est levé, est allé au marin, l'a frappé si fort avec un aviron°   oar qu'il l'a abattu 'tout à plat.° Par le pied il l'a jeté dehors; les ondes°   flat, waves ont emporté le corps. Et lui-même est allé prendre le gouvernail.°   rudder Il l'a tenu si bien qu'il a gagné le havre On est venu à la terre.

Quand ils sont arrivés, il a jeté l'ancre,° a abaissé la passerelle.°   anchor, gangplank Elle était toujours en pâmoison, et ne semblait pas femme vivante. Eliduc a mené grand deuil; il y serait mort avec elle 'de bon cœur.°   gladly Il a demandé conseil à ses compagnons: où fallait-il porter la demoiselle? Il ne la quitterait pas si elle n'était pas enfouie, avec grand honneur, dans la terre bénie d'un cimetière: elle était fille d'un roi, elle avait droit à un beau service. Eux demeuraient tout éperdus et ne savaient que lui conseiller.

Eliduc a médité et cherché où la porter. Son habitation était près de la mer; il y serait, s'il le voulait, pour dîner. Tout près se trouvait une forêt longue de trente lieues. Un saint ermite° y demeurait et   hermit y avait bâti une chapelle; il vivait là depuis quarante ans. Maintes fois, Eliduc lui avait parlé. Il a pensé donc à la confier à cet homme pour qu'il l'enterre dans la chapelle; puis il lui donnerait une partie

---

[27] **Si bien…** *such that she no longer stirred or sighed*

de sa terre, il fonderait là une abbaye, il y mettrait des moines, des
chanoines,° ou des nonnains qui toujours prieraient Dieu pour elle; Dieu   bishop's counselors
lui donnerait bonne merci!

5 Il a fait amener les chevaux, a commandé à tous de monter en selle.
Mais il a pris d'abord leur parole qu'ils ne le trahiraient pas. Puis il est
parti, portant son amie devant lui, sur son palefroi.

Ils ont tant suivi le droit chemin, à travers bois, qu'ils sont arrivés
à la chapelle. Ils ont appelé et frappé. Personne n'a ouvert la porte ni
n'a répondu. Un homme d'Eliduc est passé outre le mur, a ôté les barres,
10 a ouvert la porte. Huit jours auparavant, le saint ermite était mort. Eliduc
a trouvé la nouvelle tombe; il en a eu grande affliction.

Les autres voulaient faire une fosse° où déposer le corps de la   grave
demoiselle. Mais il les a arrêtés.

«Pas encore, dit-il; je veux prendre auparavant l'avis des sages du
15 pays, pour savoir comment rehausser° le lieu par quelque abbaye ou   uplift
quelque monastère. Couchons-la devant l'autel° et recommandons-la   altar
à Dieu.»

Il a fait apporter ses vêtements, il 'les a étalés° sur la pierre bénie,   laid them out
puis il a étendu la jeune fille sur ce lit, où elle gisait comme une morte.
20 Au moment du départ, il a pensé mourir de deuil; il lui a baisé les yeux
et le visage.

«Belle amie, fait-il, à Dieu ne plaise que je porte mes armes encore,
ou que je vive au milieu de monde! Belle, c'était pour votre malheur
que vous m'avez vu! Douce amie chère, pour votre malheur vous m'avez
25 suivi! Belle, vous seriez maintenant reine, si vous ne m'aviez pas aimé
loyalement. Pour vous mon cœur est bien triste. Le jour que je vous
enterrerai, je deviendrai moine, et chaque jour, sur votre tombe,
j'assouvirai ma douleur.[28]»

Alors il s'est séparé de la demoiselle et a refermé la porte de la
30 chapelle.

---

[28] **J'assouvirai ma…** *I will appease my grief*

V

Il a envoyé un messager à sa maison, pour prévenir sa femme qu'il arrivait, mais qu'il était fatigué. Quand elle a appris sa venue, elle s'est réjouie. Elle a préparé tout pour le recevoir. Elle l'a accueilli
5   bonnement, mais n'en a retiré que peu de joie, car il ne lui a pas fait bon visage[29] et ne lui a dit aucune bonne parole.

Nul n'osait lui adresser la parole. Il restait toujours chez lui. Chaque matin, il entendait la messe, puis partait seul dans les bois. Il allait à la chapelle où son amie gisait. Il la trouvait toujours inanimée; elle
10 n'avait pas bougé,° elle ne respirait pas, elle demeurait blanche et   had not budged
fraîche;° elle ne perdait pas sa couleur, sauf qu'elle avait pâli un peu.   cool
Cela lui paraissait une grande merveille. Il pleurait là très douloureusement, puis priait pour l'âme° de la demoiselle. Quand il   the soul
avait fini sa prière, il revenait chez lui.

15 Un jour, au sortir de la chapelle, sa femme l'a fait guetter par un de ses serviteurs; elle lui avait promis des chevaux, des armes, pour qu'il suivît son seigneur de loin et vît où il se rendrait. Cet homme lui a obéi. Il est entré dans le bois derrière Eliduc, l'a suivi sans être aperçu. Il a observé comment le chevalier est entré dans la chapelle; il a entendu le
20 deuil qu'il y menait. Avant qu'Eliduc fût sorti, il est revenu vers sa dame. Il lui a conté tout ce qu'il avait vu, tout ce qu'il avait entendu, et ce deuil que son sire menait dans l'ermitage.

La dame a eu le cœur troublé. Elle a dit:

«Nous irons voir tout à l'heure. Nous fouillerons° tout l'ermitage.   will search
25 Mon mari doit s'absenter aujourd'hui: il va parler au roi. Voilà quelque temps que l'ermite est mort; je sais bien que mon sire l'aimait, mais ce n'est pas pour lui qu'il mènerait un tel deuil.»

Pour le moment, elle n'a rien fait.

A près midi, Eliduc est parti vers la cour du roi. Puis elle a pris avec
30 elle le serviteur; il l'a menée à l'ermitage.

Elle est entrée dans la chapelle, elle a vu le lit, la demoiselle qui ressemblait à une rose nouvelle; elle a ôté la couverture, et le corps est apparu, bien fait, avec les bras longs, les mains blanches, les doigts

---

[29] **Car il...** *since he did not look pleased*

grêles,° longs et pleins. Maintenant elle savait la vérité et pourquoi   delicate
son mari menait deuil. Elle a fait venir le serviteur et lui a montré
la merveille.

«Vois-tu cette femme belle comme une pierre précieuse? C'est
5 l'amie de mon seigneur, celle pour laquelle il s'afflige tellement. Par
ma foi, je ne m'étonne plus, quand je vois morte une femme si belle.
Tant par pitié pour elle que par amour pour lui, jamais plus je n'aurai
de joie.»

Elle s'est mise à regretter la jeune fille et, en pleurant, elle s'est
10 assise devant le lit. Mais voici qu'une belette est passée en courant;[30]
sortie de sous l'autel, elle a franchi° le corps; le serviteur l'a frappée   stepped over
d'un bâton qu'il tenait en main, et l'a laissée pour morte au milieu
de la nef de la chapelle. Bientôt, elle était là quand sa compagne a
accouru et a vu la place où elle gisait. Elle a tourné autour de sa tête°   paced around her head
15 et plusieurs fois l'a touchée de sa patte.° Comme elle n'a pu la faire   paw
lever, elle a mené tout le semblant d'une grande douleur. Puis elle
est sortie de la chapelle et s'en est allée dans le bois chercher des
herbes. Avec ses dents, elle a pris une fleur de couleur vermeille,
est revenue hâtivement, l'a placée de telle manière dans la bouche
20 de sa compagne morte que 'sur l'heure° celle-ci a été ressuscitée.   in an instant

La dame a tout vu. Elle a crié au serviteur:

«Arrête-la! Frappe, jette, ami! Malheur, si elle échappe.»

Et il a lancé son bâton, l'a frappée de telle sorte que la petite fleur
est tombée. La dame s'est levée, l'a ramassée, et est revenue
25 hâtivement. Dans la bouche de la demoiselle, elle a mis la belle fleur.
Un peu de temps est passé, et voici que la jeune fille a soupiré et a
repris connaissance; après elle a ouvert les yeux, elle a parlé:

«Dieu, fait-elle, comme j'ai dormi!»

Quand la dame l'a entendue parler, elle a remercié Dieu. Elle
30 lui a demandé qui elle était, et la demoiselle lui a répondu:

«Dame, je suis née en Logre; je suis fille d'un roi de la contrée.
J'ai beaucoup aimé un chevalier, le bon homme de guerre Eliduc.
Mais lui a fait un grand péché 'en me trompant.° Il m'a enlevée et   by misleading me
il avait déjà épousé une femme! Jamais il ne me l'avait dit et jamais

---

[30] **Mais voici...** *but just then a weasel ran by*

n'en avait fait le moindre semblant[31]! Quand j'ai entendu parler de
sa femme, j'en ai eu tant de deuil que je me suis pâmée. Et il m'a
abandonnée sur cette terre étrangère, vilainement; il m'a trahie, je
ne sais pourquoi. Bien folle est celle qui croit les hommes!

5 —Belle, lui répond la dame, il n'est chose au monde qui le
réjouisse; c'est vérité que je vous dis là. Il vous croit morte, et il perd
très vite son courage. Chaque jour il vient ici 'vous contempler.° J'ai   to behold you
le cœur très triste pour lui, car je suis sa femme épousée. Si grande
est la douleur qu'il mène que j'ai voulu savoir où il allait. Je l'ai suivi,
10 je vous ai trouvée. Je suis très heureuse que vous soyez vivante. Venez
avec moi, je vous réunirai à votre ami. Je veux 'l'acquitter°   liberate him
entièrement: je prendrai le voile.[32]»

La dame l'a réconfortée et l'a rassurée tellement qu'elles sont
parties toutes les deux ensemble.

15 Elle a équipé un serviteur et l'a envoyé chercher son mari. L'autre
est parti, a salué courtoisement Eliduc, et lui a conté l'aventure. Eliduc
est monté cheval, n'a attendu personne, et est revenu à grande vitesse.
Il est arrivé à la nuit close. Quand il a trouvé son amie sainte et
vivante, il a remercié tendrement sa femme. Jamais il n'a été si
20 heureux. Il a baisé souvent la demoiselle et elle l'a baisé très
doucement; ils ont mené ensemble grande joie.

Quand la dame a vu leur manière d'être, elle a interpellé son
mari; elle a demandé la permission de se séparer de lui: elle se ferait
nonne et servirait Dieu; qu'il lui donnât partie de sa terre où elle pût
25 fonder une abbaye; et qu'il prît pour femme celle qu'il aimait tant;
car ce n'était ni beau ni convenable d'avoir à la fois deux épouses,
et la loi ne le permettait pas.

Eliduc lui a octroyé tout cela et lui a donné bonnement sa
permission de partir. Près du château, dans le bois de l'ermitage,
30 à l'endroit où s'élevait la chapelle, elle a fait construire son abbaye.
Elle y a joint une grande terre, elle y a mis un grand avoir. Quand
tout a été prêt, la dame a voilé sa tête, et trente nonnains avec elle;

---

[31] **Jamais il...** *he never told me that and he never gave the slightest
indication (that he had a wife)*

[32] **Je prendrai...** *I will take the veil.* His wife will join a convent.

puis elle a établi la règle de son ordre.

Eliduc a pris son amie pour femme: à grand honneur, à beau service, la fête en a été célébrée le jour qu'il l'a épousée. Ils ont vécu ensemble maints jours, et l'amour entre eux était parfait. Tous deux ont fait de grandes aumônes° et de grands bienfaits° jusqu'au jour où ils se sont consacrés à Dieu.[33]   alms, good deeds

Près du château, mais de l'autre côté, par grand sens et mûre° réflexion, Eliduc a fait bâtir une église: il y a attaché la majeure partie de sa terre, et tout son or, tout son argent; il y a mis des moines et des pères très religieux pour maintenir l'ordre monastique. Quand tout a été prêt, il n'a guère tardé: avec eux il est entré en religion pour servir Dieu le Tout-Puissant.[34]   mature

Auprès de sa première femme, il a envoyé la seconde qui lui était si chère. Et la première l'a reçue comme sa sœur. Elle l'a accueillie à grand honneur, l'a exhortée à servir Dieu et lui a enseigné la règle de son couvent.

Elles priaient Dieu pour leur ami, demandant, qu'il lui fût miséricordieux. Et lui, de son côte, priait pour elles. Il leur envoyait des messagers pour savoir comment elles allaient, comment chacune se réconfortait. Chacun d'eux s'efforçait d'aimer Dieu en bonne foi, et tous les trois ont eu une très belle fin, grâce au vrai Dieu.

De l'aventure de ces trois, les anciens Bretons courtois ont fait un lai pour en rappeler le souvenir, car on ne devrait pas l'oublier.

---

[33] **Jusqu'au jour…** *until the day when they passed away*
[34] **Avec eux**…*with them he entered into the Lord All Mighty's service*

Guigemar

I

I L EST FÂCHEUX° de ne pas réussir, surtout quand on traite de bons   *troubling*
sujets. Entendez, seigneurs, ce que dit Marie qui, de tout temps,
ne s'oublie pas.[1] On doit louer celui qui incite des louanges. Mais
quand surgit° homme ou femme de grand mérite, ceux qui envient   *comes forward*
son succès disent souvent des propos bas; ils veulent amoindrir sa
valeur. Ainsi ils agissent comme le chien méchant qui mord les gens
traîtreusement. Que moqueurs° et médisants 's'en prennent à moi°   *those who mock, treat*
ne peut me faire abandonner mon projet; c'est leur droit de médire.   *me harshly*

Je vous écrirai brièvement les contes vrais dont les Bretons ont
fait des lais. Et tout au début, je vous dirai, à la lettre, une aventure
qui est arrivée, il y a longtemps, dans la Petite Bretagne.

En ce temps-là, Hoel, le roi du pays, vivait souvent en paix, mais
fréquemment il était obligé de faire la guerre. Le baron qui lui gardait
la contrée de Léon s'appelait Oridial. Le roi l'aimait beaucoup, car
c'était un chevalier preux et vaillant. Oridial avait deux enfants, une
fille qui s'appelait Noguent et un fils nommé Guigemar. Le fils était
un des plus beaux enfants de tout le royaume. Sa mère l'aimait
éperdument° et son père avait grand plaisir à le regarder.   *passionately*

Quand le père a pu supporter l'éloignement de son enfant, il
l'a envoyé servir un roi. Sage et preux, le garçon s'est fait aimer de
tous. Quand le temps est arrivé, le roi l'a adoubé richement; il lui
a donné des armes en abondance.

Après avoir fait des largesses, Guigemar, en quête de gloire, est
parti de la cour pour la Flandre;° il y avait toujours luttes° et guerres.   *Holland, battles*

---

[1] **Ne s'oublie...** *has not been forgotten*

Ni en Lorraine, ni en Bourgogne, ni en Anjou, ni en Gascogne,[2] on n'aurait pu trouver son égal comme chevalier, mais il avait un grand défaut: il ne s'intéressait pas à l'amour. Il n'y avait ni dame ni pucelle,° tant fut-elle noble ou belle, qui ne l'aurait pas accueilli   maiden
5   volontiers s'il lui avait parlé d'amour. Plusieurs mêmes l'en ont requis. Mais il restait indifférent; aussi, amis et étrangers le tenaient pour un homme perdu.

      'A la fleur° de sa gloire, le chevalier est revenu dans son pays   in the prime
pour voir son père, son seigneur, sa mère, sa sœur, qui souhaitaient
10 sa venue depuis longtemps. Au bout d'un mois avec eux, l'envie l'a pris d'aller chasser. Alors, en pleine nuit, il a convoqué ses chevaliers, ses veneurs,° ses rabatteurs° pour préparer le   huntsmen, beaters divertissement du lendemain.

      De grand matin il est entré en forêt. Le voilà sur la piste d'un
15 grand cerf.° On a lâché° les chiens. Les veneurs ont couru devant;   buck, released le jeune homme les a suivis. Un serviteur lui portait son arc,° son   bow couteau et son chien de chasse. Cherchant où lancer ses flèches, il a vu une biche° et son faon° dans l'épaisseur° d'un grand buisson.°   doe, fawn, thick, thicket C'était une bête toute blanche, ayant sur la tête les 'bois d'un cerf.°   antlers
20 Il a tiré sur elle et l'a frappée au front; la voilà abattue. Mais la flèche a rebondi, elle a frappé Guigemar à travers la cuisse° et jusqu'à blesser   thigh le cheval de sorte qu'il a été obligé de 'mettre pied à terre.° Il est tombé   dismount en arrière sur l'herbe touffue,° à côté de la biche qu'il avait frappée.   dense La biche était si douloureusement blessée qu'elle gémissait, se
25 plaignait. Puis elle a parlé ainsi:

      «Oï, malheureuse! Je suis morte! Mais toi, vassal, qui m'as blessée, voici ton sort:° jamais tu n'auras remède de la blessure dans ta   spell cuisse—ni par herbe, ni par racine, ni par médecin, ni par potion—jusqu'à ce que la dame te guérisse qui souffrira pour l'amour
30 de toi plus grande douleur que jamais femme n'a soufferte; et toi, tu souffriras tant pour elle que tous les amoureux s'en émerveilleront. 'Va-t-en d'ici!° Laisse-moi en paix!»   beat it!

---

      [2] Regions in France. Lorraine is in the north east bordering Germany, Burgundy is below Lorraine in the east, Anjou is the Loire Valley region in the west, and Gascony is in the south west, bordering Spain.

La plaie° de Guigemar était profonde. Ce qu'il a entendu l'a [°wound] bouleversé. Bien qu'il n'eût plus d'espoir, étant donné qu'il n'avait jamais rencontré femme à laquelle il aurait voulu accorder son amour, il ne voulait pas mourir. Il a appelé son serviteur et lui a dit:

5 «Ami, va vite! Au galop! Dis à mes compagnons qu'ils reviennent, car je voudrais leur parler.»

L'autre est parti, Guigemar est resté. En gémissant à voix douloureuse, il a bandé° sa cuisse blessée,° très étroitement avec sa [°bound, wounded] chemise. Puis il est remonté en selle et s'en est allé; il lui tardait d'être

10 loin, car il ne voulait plus la compagnie des siens, de peur d'être retenu dans cet endroit. Il est allé au travers du bois, par un chemin vert, qui l'a mené à une lande.° De là il voyait une falaise° et des dunes. [°heath, cliff]

'Un cours d'eau° qui coulait° au pied des dunes s'était transformé [°a stream, flowed] en bras de mer. Là était un havre, où se trouvait en seul vaisseau dont

15 Guigemar apercevait le mât.° Le vaisseau était prêt à prendre la mer. [°mast]

La nef était en bon état, parfaitement 'enduite de poix° au dedans [°coated with pitch] et au dehors. Les chevilles,° les crampons° étaient en ébène.° La voile, [°supports, studs, ebony] toute en soie, était splendide quand on 'la déployait.° [°unfurled it]

Le chevalier s'étonnait; dans la contrée, il n'avait jamais entendu

20 dire qu'une nef pût aborder là. Il s'est approché, et, à grand-peine, il est monté à bord. Il pensait y trouver des hommes de garde, mais il ne voyait personne.

Au milieu de vaisseau, il y avait un lit dont les montants° et les [°risings] longerons° étaient d'or gravé selon la technique de Salomon,[3] et incrusté° [°beams, inlaid]

25 de cyprès et d'ivoire blanc. La couette° était en drap de soie tissu d'or. [°down comforter] Je ne saurais estimer les autres draps, mais de l'oreiller je peux vous dire que celui qui tiendrait sa tête dessus n'aurait jamais les cheveux blancs, tant il était doux. La couverture était en zibeline,° 'doublée de [°sable] pourpre° d'Alexandrie. Deux candélabres d'or fin (le moindre valait [°lined in crimson]

30 un trésor) se trouvaient au chevet.° Dans chacun était un cierge° allumé. [°head of the bed, °candle]

Guigemar s'est émerveillé de tout cela. Souffrant de sa plaie, il 's'est affaissé° sur le lit et s'y est reposé un peu. Puis il s'est levé [°collapsed]

---

[3] A Jewish King who was known in the Middle Ages as a great artisan.

car il voulait s'en aller. Mais il ne pouvait plus regagner la terre. Déjà
le vaisseau était 'en haute mer,° il l'emportait rapidement, poussé   in the high seas
par un vent doux.

Il n'avait plus d'espoir de retourner. Il était très triste, il ne savait
5   que faire, il s'inquiétait de sa plaie qui lui faisait mal. Il lui fallait
souffrir l'aventure. Il a prié Dieu de prendre soin de lui, de l'amener
à bon port, et de le protéger contre la mort. Puis il s'est recouché sur
le lit et s'est endormi.

Déjà il a passé le pire de sa souffrance; avant le soir il atteindra°   will reach
10   le pays de sa guérison, sous une antique° ville, qui était la capitale   ancient
de ce royaume.

II

Le seigneur de la ville, homme très vieux, avait pour femme une
15   dame de haut parage, franche, courtoise, belle, et sage. Il était jaloux
outre mesure, car sa nature le voulait. Tous les vieux sont jaloux;
chacun redoute d'être trompé[4] par sa femme. Voici par où l'âge oblige
à passer.[5]

Ce n'était pas une plaisanterie que sa façon de la garder.[6] Sous
20   le donjon, il y avait un verger clos de tous les côtés. Le mur était en
marbre vert, haut et très épais, avec une seule entrée qu'on gardait
nuit et jour. A l'autre bout s'étendait la mer et personne ne pouvait
arriver de ce côté sauf en bateau.

Dans cet endroit, le seigneur, pour s'assurer de sa femme, avait
25   fait construire une chambre. Sous le ciel il n'en était pas de plus belle:
à l'entrée, une chapelle; tout autour de la chambre, des peintures
où Vénus, la déesse° d'amour, était très bien figurée.° Elle enseignait   goddess, represented
les principes et la pratique de l'amour; elle tenait à la main ce livre
d'Ovide,[7] où il montre comment chacun devrait réprimer° son amour,   constrain
30   et le jetait dans un feu ardent en excommuniant tous ceux qui le
liraient dorénavant ou qui agiraient selon son enseignement.

---

[4] **Chacun redoute…** *Each of us fears being cheated on*
[5] **Voici par…** *This is where (old) age forces one to go*
[6] **Que sa…** *the way he guarded her*
[7] Roman poet Ovid's *The Cure for Love.*

C'est là que la dame avait été mise et enfermée.

Son mari lui avait donné une pucelle pour son service; c'était une fille noble et bien élevée, fille de sa sœur. Ces deux femmes s'aimaient l'une l'autre. Elles restaient ensemble quand le seigneur
5 s'absentait. Tant qu'il n'était pas rentré, homme ni femme ne pénétrait dans le verger et elles n'en sortaient. Un vieux prêtre blanc et chenu, un eunuque,° gardait la clef de la porte du mur d'enceinte. Il célébrait   eunuch (castrated man) devant la dame le service de Dieu et il la servait à son manger.

Ce jour-là, tôt dans l'après-midi, la dame est allée dans le verger.
10 Elle avait dormi après le déjeuner, elle avait envie de se promener. La pucelle l'accompagnait. Ayant jeté leurs regards vers le rivage°   shore de la mer, elles ont vu venir sur la 'marée montante° la nef qui faisait   rising tide voile droit au havre; mais elles n'apercevaient pas de timonier° à   helmsman son bord.

15 La dame voulait s'enfuir. Il n'était pas étonnant qu'elle eut peur; tout son visage en était décoloré. Mais la pucelle, qui était plus hardie de cœur, l'a réconfortée, l'a rassurée, puis a couru rapidement vers le vaisseau. Dévêtue de son manteau, elle est montée à bord. Elle n'y a trouvé chose vivante, excepté le chevalier qui dormait. Elle s'est
20 arrêtée, l'a regardé, et le voyant très pâle, le croyait mort.

Elle a regagné vite la terre et a appelé sa dame. Elle lui a dit tout ce qu'elle avait vu, en plaignant beaucoup le mort. La dame a répondu:

«Allons-y. S'il est mort, nous l'enterrerons avec l'aide de notre
25 prêtre. Si je le trouve vivant, il parlera.»

Sans tarder davantage, elles sont allées vers la nef, la dame suivie de la demoiselle.

Une fois dans la nef, la dame s'est arrêtée devant le lit. Elle a regardé le chevalier et, tristement, elle a pleuré son corps, son beau
30 visage, sa jeunesse infortunée.° Elle a mis la main sur sa poitrine;   calamitous elle l'a sentie chaude, et le cœur sain,° qui battait sous les côtes.   healthy

Le chevalier s'est éveillé et l'a regardée. Il l'a saluée, il est très joyeux. Il savait bien qu'il était arrivé au port.

La dame, désolée et soucieuse, lui a répondu gentiment, et lui
35 a demandé comment il était arrivé, de quel pays il venait, s'il était

exilé.

«Dame, fait-il, ce n'est rien de tout cela. Si vous voulez que je vous dise la vérité, je le ferai sans rien cacher. Je suis de la Petite Bretagne.[8] Aujourd'hui même je chassais dans un bois. J'ai tiré sur une biche blanche, mais la flèche est revenue sur moi; elle m'a si grièvement blessé à la cuisse que je crois ne jamais devoir guérir. Et la biche s'est plainte, avec une voix humaine. Elle m'a maudit, elle m'a souhaité un sort lamentable: la guérison seulement grâce à une femme inconnue. Quand j'ai entendu cette prédiction, je suis sorti hâtivement du bois. J'ai vu cette nef dans un havre et j'y suis monté. C'était une folie, car la nef est partie aussitôt. Je ne sais où je suis. Belle dame, pour Dieu, je vous prie, conseillez-moi! Je ne sais où aller, et je ne peux gouverner le vaisseau.»

Elle lui a répondu:

«Beau cher seigneur, je vous conseillerai volontiers. Cette ville est à mon mari, et aussi la contrée d'alentour.° C'est un homme riche, de haut parage, mais il est très âgé et excessivement jaloux. Par la foi que je vous dois, il m'a enfermée dans cet enclos. Il n'y a qu'une seule entrée et un vieux prêtre garde la porte. Fasse Dieu que 'le feu d'enfer° le brûle! C'est ici que je vis nuit et jour. Je ne peux pas en sortir sans la permission ou sans l'ordre de mon seigneur. C'est ici que j'ai ma chambre, ma chapelle, et la compagne que voici. Si vous voulez demeurer jusqu'à ce que vous puissiez marcher mieux, nous vous soignerons bien et nous vous servirons volontiers.»

Guigemar a remercié doucement la dame et a accepté son invitation. Et, presque sans aide, il s'est mis debout.

La dame l'a emmené dans sa chambre. Sur le lit de la pucelle, derrière un panneau, qu'elles 'avaient dressé comme une courtine, elles ont couché le jeune homme.[9] Elles ont apporté de l'eau dans des bassins d'or et ont lavé sa cuisse blessée; elles ont enlevé le sang tout autour de la plaie avec un beau tissu de toile de lin blanc, puis

surrounding (right margin, line 16)

hell's fire (right margin, line 20)

---

[8] Known today as the Brittany region of France, as opposed to "Grande-Bretagne" or Great Britain.

[9] **Derrière un...** *behind a panel they had raised as a curtain, they laid the young man down*

l'ont bandée étroitement. Elles ont pris grand soin de lui. Quand on
leur a apporté, le soir, leur repas, la pucelle 'en a réservé assez° pour   put aside enough
le chevalier; et il a pu manger et boire très bien.

5   Mais Amour l'avait frappé tout vif; désormais il avait dans le
cœur un grand combat causé par la dame. Il a oublié son pays et
même sa plaie. Il a poussé des soupirs d'angoisse. Il a prié la pucelle
qui le servait de le laisser dormir; elle y a consenti et s'en est allée.
Elle a rejoint sa dame dont le cœur était allumé du feu qui tourmentait
Guigemar.

10   Resté seul, il était pensif et angoissé. Il ne savait encore ce que
cela signifiait, mais néanmoins il comprenait bien que si la dame
ne le guérissait, il mourrait.

«Hélas, dit-il, que ferai-je? Je lui dirai d'avoir pitié de ce
malheureux abandonné. Si elle rejette ma prière et se montre
15   orgueilleuse, je n'aurai plus qu'à mourir de douleur ou à languir
de ce mal toute ma vie.»

Alors, il a soupiré, et bientôt il a décidé qu'il devrait supporter
ses souffrances car il n'avait pas d'autre choix. Toute la nuit il a veillé,
bien affligé; il s'est rappelé les paroles, les façons, les 'yeux clairs,°   light-colored eyes
20   la belle bouche qui lui ont pris le cœur. Entre ses dents il a crié merci
à la dame; il a failli l'appeler son amie. Mais s'il avait su comment
Amour la torturait, il en aurait été bien heureux. Un peu de réconfort
aurait adouci la douleur qui lui ôtait toute couleur.

S'il souffrait le mal d'amour, la dame n'était pas dans un état
25   différent. De grand matin, avant l'aube, elle s'est levée. Elle s'est
plainte d'avoir passé une 'nuit blanche;° c'était qu'Amour la torturait.   sleepless night
La jeune fille qui la servait a deviné à son visage qu'elle aimait le
chevalier qui reposait dans leur chambre. Mais elle ne savait si lui
aussi l'aimait ou non.

30   La dame est entrée dans la chapelle, la pucelle est allée chez le
chevalier. Voyant celle-ci assise devant le lit, il lui a dit:

«Amie, où est allée ma dame? Pourquoi s'est-elle si tôt levée?»
Alors, il 's'est tu° et a jeté un soupir.   stopped talking
La jeune fille 'lui a adressé la parole:°   spoke to him
35   «Sire, vous êtes tombé amoureux; il est inutile de le nier! Vous
pouvez bien l'avouer car ce sera un bel amour: elle est belle et vous

êtes beau. Mais qui veut être aimé de ma dame doit être fidèle et
discret; cet amour sera beau si vous êtes tous les deux constants.»

Il lui a répondu:

«Je suis épris d'un tel amour que ce mal ne peut que devenir
5   pire, si je n'ai pas de secours.° Ma douce amie, conseillez-moi. Que   relief
ferai-je?»

La pucelle, avec grande douceur, a réconforté le chevalier et l'a
assuré de tous ses bons services. Elle était très courtoise et aimable.

Après la messe, la dame est revenue. Elle 's'est empressée de
10 savoir° ce qu'il faisait, s'il veillait ou dormait, celui qui avait   hastened to learn
tourmenté son cœur. La pucelle l'a conduite auprès du chevalier.
Ainsi il pourrait tout à loisir lui découvrir ses sentiments. Il l'a saluée,
elle l'a salué. Tous les deux étaient bien émus.

Il n'osait rien lui demander. Etant de terre étrangère, il avait peur,
15 s'il avouait son amour, qu'elle ne le prît en haine et ne l'éloignât. Mais
qui ne montre pas sa maladie ne peut recouvrer la santé. Et l'amour
est comme une plaie dans le corps, dont rien n'apparaît à l'extérieur.
C'est un mal qui nous tient longtemps, pour ce qu'il vient de nature.
Plusieurs s'en moquent,[10] comme ces individus qui font la cour à
20 toutes les femmes et puis se vantent de ce qu'ils font. Or ce n'est pas
là amour, mais folie, méchanceté et débauche.° Qui trouve un amour   debauchery
loyal doit le servir, le chérir et faire tous ses commandements.

Guigemar aimait profondément: ou il aura du secours sans délai
ou il sera obligé de vivre contrairement à ses désirs. Amour l'a fait
25 hardi: il a découvert sa pensée.

«Dame, fait-il, je meurs. Mon cœur est en grande angoisse. Il
ne me reste qu'à mourir si vous ne voulez pas m'accorder votre
amour. Belle amie, ne m'éconduisez pas!»

Elle lui a répondu gracieusement; elle lui a dit en riant:

30 «Ami, je n'ai pas du tout l'habitude d'accorder vite une pareille
demande!

—Dame, fait-il, pour Dieu, pitié! Ne soyez pas fâchée par ce que
je dis. Une femme coquette° doit se faire longtemps prier pour   flirtatious

---

[10] **Plusieurs s'en...** *many play around with true love*

augmenter sa valeur et pour qu'on ne la croie peu chaste.° Mais la   pure
dame de bonnes pensées, au sens droit, quand elle trouve un homme
accordé avec elle, ne fait pas la fière avec lui; elle l'aime, en prend
sa joie, et avant que nul ne le sache, ils en auront bien profité. Belle
5 dame, finissons ce débat.»

La dame a pensé qu'il était dans le vrai. Elle lui a accordé
immédiatement son amour. Voilà Guigemar heureux. Ils ont joué
et parlé ensemble, et souvent se sont baisés et embrassés. Et ils ont
joui d'autres caresses que les amoureux connaissent bien.

10 Pendant un an et demi, Guigemar a vécu près d'elle. Leur vie
était très agréable. Mais bientôt la fortune a tourné sa roue,° mettant   wheel
dessous le dessus.[11] Il en est advenu ainsi d'eux, car on s'est aperçu
de leur amour.

15   **III**

Un matin d'été, la dame reposait aux côtés de son ami. Après
avoir baisé sa bouche et son visage, elle lui a dit:

«Beau doux ami, mon cœur m'avertit que je vais vous perdre.
Nous allons être vus et découverts, c'est sûr. Si vous mourez, je ne
20 veux plus rester en vie; mais si vous réchappez, vous aimerez une
autre femme, et moi, je resterai seule avec ma douleur.

—Dame, fait-il, ne dites plus cela! Que je n'aie jamais joie ni paix,
si j'ai recours à une autre femme! N'ayez pas peur de cela.

—Ami, rassurez-moi. Donnez-moi votre chemise; je ferai un
25 nœud° avec le pan de dessus. Je vous permets d'aimer celle qui saura   knot
dénouer° l'étoffe.»   untie

Il lui a donné sa chemise. Elle a fait un nœud tel qu'aucune femme
ne pourrait le défaire sans y mettre la force ou le couteau. Puis elle
lui a rendu sa chemise. Il l'a reçue, à la condition qu'elle le rende
30 sûr d'elle par une ceinture dont il l'a ceinte sur sa chair nue autour
des flancs.[12] Qui pourrait ouvrir la boucle sans rompre° ou déchirer°   breaking, tearing
la ceinture aurait permission de l'aimer. Puis il l'a embrassée, et les
choses en sont restées là.

---

[11] **Mettant dessous...** *turning everything upside down*
[12] **Sur sa...** *around the bare flesh of her pelvis*

Ce jour même ils ont été aperçus par un chambellan soupçonneux. Son sire l'avait envoyé parler à la dame! Ne pouvant entrer dans la chambre, il a regardé par la fenêtre. Il les a vus dans une situation compromettante. Il est retourné chez son seigneur et lui a tout dit.

5 Quand le sire l'a entendu, il s'est mis dans une colère terrible. Avec trois de ses intimes, il est allé tout de suite à la chambre, a fait enfoncer° la porte, a trouvé dedans le chevalier. Dans sa colère, il a commandé qu'on le tuât.   *knocked down*

Guigemar s'était levé, 'sans s'émouvoir aucunement.° Il avait   *without any emotion*
10 saisi une grosse barre de sapin° à laquelle on accrochait les vêtements,   *pine tree*
et les attendait. Il allait faire du mal à quelques-uns; avant même d'avoir pu approcher de lui, tous seraient estropiés.°   *crippled*

Le seigneur l'a bien regardé; il lui a demandé qui il était, qui était son père, comment il est entré là-dedans. Guigemar a conté son
15 arrivée et son accueil de la part de la dame. Il a parlé de l'aventure de la biche blessée, de la nef, de sa plaie. Le seigneur a répondu que lui n'en croyait rien, mais s'il disait la vérité, il pourrait partir en mer, la nef une fois retrouvée. Tant pis s'il se sauvait, tant mieux s'il se noyait.[13]

20 Il a donné à Guigemar son assurance de ne pas lui faire de mal. Puis ils sont allés ensemble au port. La nef était déjà là. Ils l'ont fait monter dedans; le voilà en route pour son pays.

Le chevalier a fondu° en pleurs et en soupirs. Il regrettait la dame   *collapsed*
et priait Dieu le Tout-puissant de lui donner une mort rapide sur
25 mer, s'il ne devait plus revoir son amie qu'il aimait plus que la vie.

Il menait encore grande douleur quand la nef est entrée dans le port où il l'avait trouvée pour la première fois. Il l'a quittée aussi vite qu'il a pu. Il était tout près de son pays.

Un jeune homme, jadis à son service, passait par là, accompagnant
30 un chevalier, et menait un destrier par la bride.[14] Guigemar l'a reconnu, il l'a appelé. Le jeune homme a regardé, il a vu son seigneur, a sauté à terre et lui a présenté le meilleur des deux chevaux. Tous

---

[13] **Tant pis...** *never mind if he were to run away, all the better if he were to drown*

[14] **Destrier par...** *a war horse by the bridle*

deux s'en sont allés ensemble. Joyeux sont ses amis de l'avoir retrouvé!

Malgré l'estime dont il jouissait dans son pays, Guigemar demeurait
toujours triste et pensif. 'On le pressait,° sans succès, de prendre femme. he was urged
Jamais il ne voudrait d'une femme, si grandes que fussent sa richesse
5 et sa beauté, qui n'aurait pu défaire le nœud de sa chemise sans la
déchirer. La nouvelle s'est répandue partout en Bretagne; il n'y avait
dame ni pucelle qui ne vînt s'essayer; mais nulle ne pouvait le dénouer.

IV

Revenons à la dame que Guigemar aimait tant. Sur le conseil d'un
10 de ses barons, son seigneur l'avait emprisonnée dans une tour de marbre
gris. Le jour, elle souffrait; la nuit, pis° encore. Nul au monde ne pourrait worse
conter la grande peine, la douleur, l'angoisse, le martyre que la dame
éprouvait dans cette tour. Elle y a demeuré deux ans et plus, sans plaisir
ni joie. Elle pleurait souvent son ami:

15 «Guigemar, sire, c'était pour mon malheur que je vous ai vu! Mieux
vaut mourir vite que souffrir plus longtemps ce mal! Ami, si je puis
m'échapper, là où vous avez pris la mer, je me noierai!»

Alors, elle s'est levée et, bien abattue, elle est allée jusqu'à la porte.
Elle n'y a trouvé ni clef ni serrure. Elle est sortie à l'aventure. Personne
20 ne l'a arrêtée. Elle est venue au port; la nef était là, attachée au rocher
d'où elle voulait 'se précipiter.° throw herself

Quand elle l'a vue, elle est montée dedans. Puis une pensée lui est
venue: son ami se serait-il noyé? Elle ne pouvait plus se tenir debout;
si elle avait été près du bord, elle serait tombée dans la mer, tant cette
25 pensée la tourmentait et la faisait souffrir.

Le bateau s'en est allé et l'a emportée rapidement. Elle est arrivée
dans un port de Bretagne, sous un château bien fortifié. Le seigneur
de ce château s'appelait Meriadus. Il guerroyait contre un de ses voisins.
Il s'était levé de bonne heure pour envoyer ses gens causer du dommage
30 à son ennemi. D'une fenêtre, il a vu arriver la nef.

Il est descendu les degrés,° a appelé son chambellan, tous deux steps
se sont hâtés vers la nef, et sont montés à bord par l'échelle.° Dedans ladder
ils ont trouvé la dame, dont la beauté était celle d'une fée.° Il 'l'a saisie° fairy, grabbed her
par le manteau et l'a emmenée avec lui dans son château. Il

était très heureux de la trouvaille,° car elle était extrêmement belle.   find
Il ne savait pas qui l'avait mise dans ce bateau, mais néanmoins il
a deviné qu'elle était de haut parage; et il se sentait épris d'un grand
amour.

5   Il avait une sœur pucelle. Il a conduit la dame dans sa chambre
et la lui a confiée. Elle l'a servie très bien, l'a vêtue et l'a parée avec
grand respect; la dame restait pensive et morne. Meriadus allait
souvent lui parler, car il l'aimait tant. Il la priait d'amour; elle l'écoutait
froidement et lui montrait sa ceinture: jamais elle n'aimerait que celui
10   qui l'ouvrirait sans la déchirer. Mis en colère, il a répondu:

«Il y a aussi dans ce pays un chevalier renommé qui se défend
de prendre femme, à cause d'une chemise dont le pan droit est noué;
et il ne peut être délié si l'on n'y met pas la force ou le couteau. C'est
vous, je crois, qui avez fait ce nœud.»

15   Quand elle l'a entendu, elle a soupiré et a failli se pâmer. Il l'a
reçue dans ses bras, a tranché° les lacets de sa tunique; il a voulu   sliced
ouvrir la ceinture, mais n'en a pu venir à bout. Puis il l'a fait essayer
à tous les chevaliers du pays, sans aucun succès.

V

20   Meriadus a promis alors de tenir un tournoi contre son ennemi.
Il a fait venir des chevaliers pour l'aider. Il a mandé particulièrement
Guigemar, en retour des services qu'il lui avait rendus, l'appelant
son ami et bon compagnon. Guigemar est venu, richement escorté
d'une centaine° de chevaliers. Meriadus l'a hébergé à grand honneur   hundred or so
25   dans sa tour.

Il a mandé à sa sœur de s'apprêter et de venir avec la dame qu'il
aimait. Elles ont obéi et, vêtues richement, la main dans la main, elles
sont entrées dans la salle. La dame était pâle et pensive. Quand elle
a entendu le nom de Guigemar, elle ne pouvait plus se tenir debout,
30   et si sa compagne ne l'avait pas retenue, elle serait tombée à terre.

Guigemar s'est levé à leur rencontre; il a regardé la dame, son
visage, sa manière, et il a reculé° un peu.   backed away

«Est-ce, fait-il, ma douce amie, mon espérance, mon cœur, ma

vie, ma belle dame qui m'aimait? D'où vient-elle? Qui l'a amenée ici?
Or, tout ce que je viens de dire est folie. Je sais bien que ce n'est pas
elle; les femmes se ressemblent souvent. Je 'm'égare° sans raison. Mais   am deluding myself
pour l'amour de celle à qui elle ressemble, et pour laquelle mon cœur
5   tremble et soupire, je veux lui parler.»

Donc le chevalier s'est avancé; il l'a embrassée et s'est assis près
d'elle; mais il n'a pu rien lui dire, excepté de la prier de s'asseoir aussi.

Meriadus les regardait; cette scène lui déplaisait beaucoup. Il a dit
en riant à Guigemar:

10   «Sire, si vous vouliez, cette pucelle essayerait de défaire votre
chemise, pour voir si elle y pourrait quelque chose.

—Je veux bien,» a dit Guigemar.

Il a appelé un chambellan qui avait la garde de la chemise et lui
a commandé de l'apporter. On l'a donnée à la pucelle; mais elle n'a
15   pas voulu la dénouer. Ayant reconnu le nœud, elle était très agitée;
volontiers elle s'y essayerait si elle pouvait ou si elle osait. Meriadus
a remarqué cela et il 'en était accablé.°   was overwhelmed by it

«Dame, fait-il, essayez donc de la défaire.»

Quand elle a entendu ce commandement, elle a pris le pan de la
20   chemise et l'a dénoué facilement. Le chevalier s'est émerveillé; il la
reconnaissait, mais cependant il ne pouvait croire fermement que ce
fût elle. Il lui a dit:

«Amie, douce créature, est-ce vraiment vous? Dites-moi la vérité.
Laissez-moi voir sur votre corps la ceinture dont je vous ai ceinte.»
25   Il lui a mis les mains sur les côtés et a senti la ceinture.

«Belle amie, dit-il, quelle aventure de vous trouver ici! Qui vous
y a amenée?»

Elle lui a raconté sa douleur, ses grandes tribulations et la tristesse
de sa prison, et comment elle s'est échappée, comment elle voulait se
30   noyer, comment elle a trouvé la nef qui l'a emportée jusqu'à ce port,
et a été retenue par le chevalier. Il l'a entourée d'honneurs, mais la priait
d'amour tous les jours. Maintenant elle a retrouvé la joie.

«Ami, emmenez votre amie!»

Guigemar s'est levé.

35   «Seigneurs, dit-il, écoutez-moi! Je viens de retrouver mon amie que
je croyais perdue. Je prie et requiers° Meriadus de me la rendre.   insist

Je deviendrai son homme-lige; je le servirai deux ans ou trois, avec cent chevaliers ou plus.

—Guigemar, dit Meriadus, je ne suis pas tellement dans l'embar-ras et dans la détresse que j'aie besoin de votre aide. J'ai trouvé la
5 dame, je la garde! Et contre vous je la défendrai.»

Sur ces mots, Guigemar a commandé à ses hommes de monter à cheval. Ayant jeté un défi° formel à Meriadus, il est parti, malgré   challenge
sa peine de quitter son amie. Il n'y avait pas là chevalier venu pour le tournoi qui n'ait suivi Guigemar. Chacun lui a donné sa foi.

10 Ce soir, ils sont arrivés chez l'ennemi de Meriadus. Ce seigneur les a hébergés, car il était très content d'avoir l'aide d'un tel chevalier; il savait que la guerre touchait maintenant à sa fin.

Le lendemain, on s'est levé de bonne heure et on s'est armé; puis tous sont sortis bruyamment de la ville, Guigemar en tête. Arrivés
15 au château ennemi, ils ont tenté° un assaut, qui n'a pas réussi. Alors   attempted
Guigemar a assiégé la ville.

Bientôt, les défenseurs ont manqué de vivres.° Guigemar a pris   food
le château et y a tué le seigneur. Puis il a emmené son amie avec grande joie. Maintenant leurs maux étaient finis.

20 Avec ce conte que vous avez entendu, on a fait le lai de «Guigemar». On le chante sur la harpe ou sur la rote;[15] et la mélodie en est très jolie.

---

[15] A rote is a medieval string instrument.

Le Bisclavret

I

PUISQUE 'JE M'OCCUPE° À faire des lais, je ne veux pas omettre° «Le Bisclavret». «Bisclavret», c'est le nom en Breton,[1] mais les Normands disent «Garou ».[2]

Jadis on pouvait entendre conter, car la chose se faisait souvent,[3] que certains hommes devenaient garous et tenaient leur demeure dans les bois. Garou, c'est 'bête sauvage;° tant qu'il est 'en proie à sa fureur,° il dévore les hommes, il fait grand mal, il erre° et loge° dans les grandes forêts. Mais 'laissons cela;° je veux commencer à vous conter «Le Bisclavret».

En Bretagne demeurait un baron dont j'ai entendu maintes louanges. C'était un chevalier beau et bon, qui se comportait noblement. Il avait l'affection° de son seigneur et l'amitié de tous ses voisins. Son épouse était une femme de grand prix et de bonne apparence. Il l'aimait et elle l'aimait. Mais une chose 'ennuyait fort° la dame: chaque semaine il disparaissait° pendant trois jours entiers et elle ne savait ce qu'il devenait ni où il allait; nul des siens n'en savait rien non plus.

Un jour comme 'il était de retour,° joyeux et gai, elle le lui a demandé.

«Sire, dit-elle, beau doux ami, il est une chose que je vous demanderais bien volontiers, si je l'osais; mais je crains tant votre colère. Je ne redoute rien davantage.»

Quand il l'a entendu, il 'l'a tirée à lui,° 'l'a accolée° et l'a baisée.

(marginal glosses) to leave out · wild animal · is subject to his fury, · wanders, makes his home; let's drop this matter · admiration · really troubled · disappeared · had returned · pulled her close, hugged her

---

[1] Breton, a Celtic language spoken primarily in West Brittany still remains today a minority language of France, although its small number of speakers is dwindling.

[2] Werewolf, «loup-garou» in Modern French.

[3] **Car la...** *since it often happened*

«Dame, fait-il, parlez; je suis prêt à répondre à n'importe quelle question.

—Par ma foi, dit-elle, me voilà sauvée! Sire, j'ai tellement peur les jours où vous me quittez! Je sens au cœur si grande peine et je
5 suis si effrayée de vous perdre que, si je n'en ai pas de réconfort° — comfort très vite, il se pourrait que bientôt je meure.° Alors, dites-moi où vous — die allez, où vous restez, où vous vous logez. Ma pensée, c'est que vous aimez ailleurs° et si j'ai raison, vous faites un péché. — elsewhere

—Dame, fait-il, pour Dieu, de grâce! Il m'en viendra du mal si
10 je vous le dis; cela 'vous éloignera° de m'aimer et je 'me perdrai moi- — will drive you away même.°» — will lose myself too

Quand la dame l'a entendu, elle ne l'a pas pris à la légère.[4] Elle l'a pressé de questions; elle 'l'a tellement flatté° et trompé par des — flattered him so caresses que finalement il lui a conté son aventure, sans rien celer.
15 «Dame, je deviens bisclavret. Dans la grande forêt, je me mets à l'endroit le plus épais, et j'y vis de proie et de rapine.°» — prey, plunder

Quand il avait tout raconté, elle lui a demandé s'il ôtait° ses — took off vêtements ou s'il allait vêtu.

«Dame, fait-il, je 'me dépouille.° — undress
20 —Dites-moi donc où vous laissez vos habits°? — clothes

—Cela, dame, je ne le dirai pas; car si je les perdais, je resterais bisclavret 'à jamais.° Et mon malheur serait 'sans recours° jusqu'à — forever, permanent ce qu'ils 'me soient rendus.° Aussi, je ne veux pas que la cachette° — are given back to me, soit connue. — hiding place
25 —Sire, lui répond la dame, je vous aime plus que le monde entier. Vous ne devez pas me cacher ceci, ni douter de moi en aucune chose; cela serait vilain. Qu'ai-je fait de mal, pour quel péché doutez-vous de moi? Dites-moi tout, 'vous ferez bien.°» — do the right thing

Tant elle l'a pressé, tant elle l'a tourmenté, qu'il n'a pu faire
30 autrement que de tout lui dire.

«Dame, fait-il, vers ce bois, près du chemin par où je passe, se trouve une vieille chapelle qui maintes fois m'est d'un grand secours. C'est là, sous un buisson, dans une pierre creuse° et large, 'cavée en — broken dedans.° J'y laisse mes vêtements, jusqu'au moment où je reviens — inside hollowed out

---

[4] **Elle ne...** *she did not take it lightly*

chez nous.»

Quand elle a entendu ces mots, la dame est devenue toute
vermeille de peur; l'aventure la remplissait d'effroi.° Elle s'est   terror
demandé de maintes façons comment elle pourrait quitter son mari,
5 car elle ne voulait plus rester avec lui.

Il y avait dans le pays un chevalier qui l'aimait depuis longtemps
et qui lui faisait la cour et toutes sortes de services, sans réponse de
sa part. Elle l'a fait venir et lui a découvert son cœur.

«Ami, dit-elle, soyez heureux! Ce dont vous êtes tourmenté, je
10 vous l'accorde sans délai; je ne résiste plus. Je vous octroie mon amour
et mon corps: faites de moi votre amie!»

Il l'en a remercié bonnement° et a pris ce qu'elle lui avait promis;   simply
ensuite elle lui a fait jurer° de lui obéir. Puis elle lui a dit où son mari swear
allait, ce qu'il devenait; elle lui a enseigné' la route qu'il suivait vers
15 la forêt. Et elle 'l'a envoyé s'emparer° de sa dépouille.   sent him to find

Voilà le Bisclavret trahi et perdu par sa femme. Comme il
disparaissait souvent, tous croyaient que cette fois il était
définitivement° parti. On 's'est informé° et on l'a cherché, mais sans   for good, asked around
succès; alors on a abandonné la recherche. Et la dame a épousé celui
20 qui l'aimait depuis si longtemps.

II

Alors toute une année 's'est écoulée.° Un jour le roi a eu envie   passed by
de chasser. Il est venu droit à la forêt où se tenait le Bisclavret. Les
chiens, une fois découplés,° l'ont rencontré. Chiens et veneurs ont   unleashed
25 couru après lui toute la journée, tant qu'ils étaient 'sur le point de°   about to
l'attraper, de le déchirer,° de le mettre à mort. Mais dès qu'il a aperçu tear him up
le roi, il a couru vers lui pour demander grâce. Il l'a pris par son
étrier,° lui a baisé le pied et la jambe. Le roi en a eu grand-peur; il   stirrup
a appelé tous ses compagnons.

30 «Seigneurs, dit-il, avancez! Regardez cette chose surprenante,
comme cette bête 's'humilie°! Elle a 'sens d'homme,° elle demande   pays homage, feelings
grâce. Ecartez° tous ces chiens, prenez garde que vous ne la frappiez! of a man; move aside
Cette bête a sens et raison. Allons, hâtez-vous! J'accorde ma paix à
la bête: je ne chasserai plus aujourd'hui.»

35 Là-dessus,° le roi s'en est retourné. Le Bisclavret l'a suivi; il se   with that

tenait tout près de lui et ne voulait pas le quitter. Le roi l'a emmené en son château; il était très content de lui, car il n'avait jamais vu son pareil; il le considérait comme une merveille et l'entourait de soins attentifs.

Il a commandé à tous les siens, sur l'amitié qu'il 'leur témoignait,° de le garder bien, de ne pas lui faire de mal, de ne jamais le frapper; mais de lui donner à boire et à manger. Ils le gardaient volontiers. Il allait se coucher toujours parmi° les chevaliers et près du roi. Il n'y avait personne à la cour qui ne le chérissait, tant il était franc et aimable: jamais il ne voulait faire de mal. Il suivait le roi constamment; ils ne se quittaient plus.

Entendez donc ce qui est arrivé après! A une cour qu'a tenue le roi, il avait mandé tous ses barons, pour faire sa fête plus belle. Le chevalier qui possédait la femme du Bisclavret y est allé richement apprêté. Il ne soupçonnait rien et ne croyait pas rencontrer le mari de si près.

D'un seul élan° le Bisclavret a couru vers cet homme dès son arrivée au palais: il l'a saisi avec ses dents et l'a entraîné. Sans l'intervention du roi qui l'a appelé et l'a menacé d'un bâton, il lui aurait fait grand mal. Deux fois ce jour-là il a voulu le mordre.° La plupart des barons étaient étonnés, car il n'avait auparavant agi ainsi avec personne. On disait dans le palais° qu'il ne le faisait pas 'sans motif,° que le chevalier lui avait fait du tort,° car l'animal voulait 'se venger.°

Les choses en sont restées là jusqu'à la fin[5] de la fête et jusqu'au départ des barons. Avec les premiers s'en est allé le chevalier que le Bisclavret avait attaqué; ce n'était pas merveille s'ils se haïssaient.

Peu de temps après, le roi, suivi de la bête, est retourné dans la forêt où il avait trouvé le Bisclavret. Après une journée de chasse, il s'est logé dans la contrée. La femme du Bisclavret l'a appris. Elle est venue le lendemain, apprêtée d'une manière avenante pour parler au roi et lui offrir un riche cadeau.

Quand le Bisclavret l'a vue venir, nul ne pouvait 'le retenir:° il a couru vers elle comme pris de rage. Entendez comme il s'est bien

(right margin glosses:)
showed them
amongst
bound
bite
palace
withour cause, wrong
take revenge
hold him back

---

[5] **Les choses…** *nothing went further until the end*

vengé: il lui a arraché le nez de la figure[6]! Qu'aurait-il pu lui faire
de pis°? De tous les côtés on le menaçait; on allait le tailler en pièces°   worse, cut him to pieces
quand un homme sage a dit au roi:

«Sire, écoutez-moi! Cette bête a vécu avec vous; nous l'avons
tous observée longuement et de près. Jamais elle n'a touché à
personne ni n'a commis de félonie,° si ce n'est envers la dame que   disloyal act
voici. Par la foi que je vous dois, la bête a quelque raison de courroux°   be full of wrath
contre elle et contre son mari. C'est la femme du chevalier que vous
aimiez tant, qui a disparu il y a longtemps, et dont nous n'avons plus
eu de nouvelles. Mettez la dame à la torture et elle nous dira, peut-
être, pourquoi cette bête la hait; faites-le lui dire si elle le sait! Nous
avons déjà vu tant de merveilles advenir en cette terre de Bretagne!»

Le roi a suivi ce conseil. Il a retenu le chevalier; d'autre part il
a fait saisir° la dame et l'a soumise à la torture.° Tant par détresse°   caught, had her tortur-
que par peur, elle a tout avoué: comment elle avait trahi son seigneur,   ed, anxiety
comment elle avait dérobé ses vêtements, quel récit il lui avait fait
de ses actions nocturnes. Depuis qu'elle lui avait pris ses habits, on
ne l'avait plus revu dans la contrée, mais elle croyait bien que la bête
était le Bisclavret.

Puis le roi a demandé les vêtements. Que la dame on eût deuil
ou plaisir, il les a fait apporter et donner au Bisclavret. Mais quand
on les a mis devant lui, il s'est détourné.

Le prud'homme qui avait déjà conseillé le roi lui a dit:

«Sire, vous ne faites pas ce qu'il convient de faire. Pour rien au
monde celui-ci ne se rhabillera, ni ne changera sa semblance de bête
devant vous. Vous ne savez pas à quoi cela tient:° il en a très grande   what this amounts to
honte. Faites-le mener en vos chambres, et qu'on y porte ses
vêtements; laissez-le un grand moment. Nous verrons bien s'il
redevient homme.»

Le roi lui-même l'y a mené et a refermé sur lui toutes les portes.
Après quelque temps, il y est retourné, avec deux barons. Tous les
trois sont rentrés dans la chambre. Sur le propre° lit du roi, ils ont   own
trouvé le chevalier qui dormait. Le roi a couru l'embrasser; il l'a accolé
et baisé plus de cent fois. Aussitôt que possible, il lui a rendu toute

---

[6] **Il lui...** *he torn the nose off of her face*

sa terre; il lui a donné plus que 'je ne saurais dire.°   I can say

'Quant à° la femme, il l'a chassée de la contrée. L'homme pour   as for
qui elle avait trahi son seigneur est parti avec elle. Elle en a eu
beaucoup d'enfants dont les traits° étaient bien marqués: la plupart   looks
des femmes de ce lignage sont nées sans nez et ont vécu ainsi,
énasées.°   nose-less

L'aventure que vous avez entendue est vraie, 'n'en doutez pas.°   do not doubt it
Et on en a fait ce lai du «Bisclavret» pour en conserver le souvenir
à jamais.

Yonec

I

JE CONTINUE À VOUS offrir° des lais. Je conte toujours en rime[1] les histoires merveilleuses que je connais. Maintenant je voudrais vous parler de Yonec: où il est né, comment son père a rencontré° sa mère. Le père s'appelait Muldumarec.

En Bretagne demeurait jadis un homme riche et vieux, très vieux. Il était protecteur de Caerwent[2] et seigneur du pays. La ville est sur le bord du Duelas;[3] jadis c'était un grand passage de navires. Comme il avait bon héritage, il a pris femme: il pensait avoir des enfants qui seraient après lui ses héritiers.

La jeune fille qu'on a donnée à ce riche était noble de race, sage, courtoise et extrêmement belle; sa beauté lui a assuré l'amour de son mari.

Parce qu'elle était belle et gracieuse, il a mis toute son attention à la garder. Il l'a enfermée dans sa tour principale, en une grande chambre pavée.° Il avait une sœur, veuve° et vieille; il l'a mise avec la dame pour la garder étroitement. Il y avait aussi d'autres femmes, je crois, mais elles vivaient dans une chambre 'à part;° et jamais la dame ne leur parlait sans la permission de la vieille.

Ainsi il 'l'a tenue° plus de sept ans—ils n'ont pas eu d'enfants—et elle ne sortait de cette tour ni pour parent ni pour ami. Quand le sire allait se coucher, pas un huissier° ni chambellan n'osait entrer avant lui dans la chambre pour allumer les chandelles. La dame était en très grande tristesse. A tant pleurer, à tant soupirer, sa beauté

give

met

paved with stone, wi-dowed

separate

kept her

door-keeper

---

[1] Marie's original manuscript was in rhyming verse.

[2] Legend has it that Caerwent, located in south east Wales, was the location of King Arthur's court—Camelot.

[3] **La ville...** *The city is on the banks of the River Duelas*

se perdait comme il arrive à celle qui ne s'en soucie pas.[4] Et elle 'aurait
mieux aimé° être prise par une 'mort soudaine.°

would have preferred
swift death

II

Au début du mois d'avril, les oiseaux chantaient. Un matin, le
5   sire s'est levé de bonne heure. Il s'est apprêté pour aller au bois. Il
a fait appeler la vieille, afin qu'elle referme les portes derrière lui.
Elle lui a obéi. Puis elle est allée dans une autre chambre, emportant
en main son psautier° pour y lire des versets.°

psalm book, bible vers

La dame s'est éveillée. Elle s'est aperçue que la vieille était sortie
10   de la chambre. Elle a pleuré en revoyant la clarté° du soleil. Elle a
soupiré, 's'est plainte,° s'est lamentée amèrement:°

brightness
complained, bitterly

«Malheureuse, dit-elle, je suis née pour mon malheur! Ma destinée
est si dure! Je suis emprisonnée dans cette tour, je n'en sortirai que
morte. Ce vieux jaloux, que craint-il, qu'il me tient si étroitement
15   gardée? Il est bien fou, bien sot,° il craint toujours d'être trahi. Je ne

crazy

puis même aller à la chapelle entendre le service de Dieu. Si je pouvais
voir des gens, leur parler, 'me divertir° avec eux, je lui ferais bon

have fun

visage,[5] bien que je n'en aie guère envie. Maudits soient mes parents
et tous les autres qui m'ont donnée à ce jaloux! Mais j'ai beau
20   protester; jamais il ne mourra. Quand on l'a baptisé, sûrement 'on
l'a plongé° au fleuve d'enfer: durs° sont ses nerfs, dures sont ses

he was dunked, hardy

veines qui sont toutes pleines d'un sang vif.

Bien souvent j'ai entendu conter que jadis les affligés°

victimized

rencontraient en ce pays des aventures qui leur redonnaient du
25   courage. Les chevaliers trouvaient des pucelles, selon leur désir, belles
et gracieuses, et les dames trouvaient des amants si beaux, si courtois,
si preux, si vaillants qu'elles 'leur cédaient° sans qu'on osât les blâmer;

gave into them

et 'nul autre qu'elles ne° voyait leurs amants. Si cela a été, si cela peut

no one but they

être, si jamais telle aventure est arrivée, que Dieu, 'qui peut tout,°

all-powerful

30   accomplisse° mon désir.»

fulfill

Après s'être plainte ainsi, elle a aperçu dans l'étroite fenêtre
l'ombre d'un grand oiseau. Elle ne savait pas ce que c'était. Il est entré

---

[4] **Comme il…** *as happens to she who does not worry about it (her beauty)*
[5] **Je lui…** *I would put on a happy face*

en volant° dans la chambre; il avait toute l'apparence d'un autour°   flying, hawk
de cinq ou six mues;[6] des 'lanières traînaient° à ses pieds. Il 's'est posé°   straps dangling, settled
devant la dame. Il s'est tenu là quelque temps et elle l'a bien regardé,
et le voilà changé en chevalier beau et gracieux.

5   La dame en était étonnée; tout son sang n'a fait qu'un tour, elle
avait grande peur, elle a 'couvert sa tête.°   covered her head
   Très courtois était le chevalier. Il lui a adressé la parole le premier.
   «Dame, fait-il, 'n'ayez pas peur.° L'autour est un oiseau noble,   fear not
je vous l'assure. Même si ces mystères vous sont obscurs, soyez
10 tranquille et faites de moi votre ami. C'est pour cela que je suis venu.
Je vous ai longuement désirée dans mon cœur. Je n'ai jamais aimé
femme que vous, et n'en aimerai jamais d'autre. Mais je ne pouvais
pas sortir de mon palais et venir à vous sans être appelé par vous.
Maintenant je puis bien être votre ami.»
15   La dame s'est sentie rassurée; elle a découvert sa tête, elle a parlé.
Elle a répondu au chevalier qu'elle ferait de lui son ami, s'il croyait
en Dieu et qu'ainsi rien ne s'opposât à leur amour. Car il était le plus
beau chevalier qu'elle 'eût jamais vu° ou qu'elle 's'attendît à voir.°   had ever seen, expected
   to see
   «Dame, dit-il, vous parlez comme il faut. Pour rien au monde,
20 je ne voudrais qu'il y ait 'à mon sujet° accusation, soupçon ou doute.   directed at me
Certes, j'ai foi en notre Créateur, qui nous a libéré de la tristesse où
Adam notre père nous avait jetés 'en mordant à° la pomme   by tasting of
d'amertume; il a été, il est, il sera toujours vie et lumière pour les
pécheurs. Si vous ne m'en croyez pas, faites venir votre chapelain.
25 Dites qu'un mal vous a surprise, que vous voulez recevoir le
sacrement établi par Dieu dans le monde pour le salut° des pécheurs.   salvation
Je prendrai votre semblance; je dirai ma confession de foi; je recevrai
le corps du Seigneur Dieu. Et vous n'aurez plus de doute.»
   Elle lui a répondu qu'il avait bien parlé. A côté d'elle, il s'est
30 couché sur le lit; mais il n'a pas essayé de la toucher, ni de l'embrasser
ni de la baiser.
   Alors la vieille est revenue. Elle a trouvé la dame éveillée; elle
lui a dit qu'il était temps de se lever, et lui a voulu apporter ses

---

[6] 5-6 moultings means the hawk is of adult age.

vêtements. Mais la dame a répondu qu'elle était malade, qu'il fallait chercher le chapelain et le faire venir tôt,° car elle avait grand-peur   soon
de mourir.

    «Tant pis, dit la vieille; mon seigneur est allé au bois; nul n'entrera
5 ici que moi.»

    Voilà la dame bien embarrassée; elle a fait semblant de s'évanouir.
La vieille l'a vu, elle en était toute effrayée. Elle a débarré° la porte,   unlocked
a couru demander le prêtre. Celui-ci est arrivé le plus tôt possible,
apportant *Corpus Domini.*° Le chevalier (dans la semblance de la   communion wafer
10 dame) l'a reçu, il a bu le vin du calice.° Puis le chapelain s'en est allé,   chalice
la vieille aussi, en refermant la porte.

    La dame était étendue aux côtés de son ami. Quand ils ont assez
ri et joué et parlé de leur amour, le chevalier a pris congé; il voulait
retourner en son pays. Doucement elle l'a prié de revenir souvent
15 la voir.

    «Dame, fait-il, quand il vous plaira, je serai toujours là en moins
d'une heure. Mais prenez garde que nous ne soyons surpris. Cette
vieille nous trahira: elle vous guettera° nuit et jour, elle découvrira   lie in wait
notre amour, elle ira le conter à son seigneur. Si tout arrive comme
20 je le dis, et qu'ainsi nous soyons trahis, je ne pourrai pas 'm'en tirer,°   come away clean
car il faudra que je meure.°»   die

    Là-dessus, le chevalier s'en est allé. Il a laissé son amie 'en grande
allégresse.° Le lendemain, elle s'est levée, toute saine; toute la semaine,   light-hearted
elle a été très gaie. Elle soignait bien son corps; elle recouvrait toute
25 sa beauté. Maintenant, il lui plaisait plus de séjourner là que d'aller
s'amuser ailleurs. Elle voulait voir souvent son ami et prendre de
lui son plaisir. Nuit et jour, tôt et tard, dès que son sire la quittait,
elle l'avait tout à son plaisir. Or fasse Dieu qu'elle en jouisse
longtemps.[7]

30   III

    Par la grande joie qu'elle avait de voir souvent son amant, tout
son semblant s'est changé. Son sire était bien avisé; il s'est aperçu

---

[7] **Or fasse…** *so Lord, make it so that she enjoys this a long time*

qu'elle était autrement que de coutume. Il a commencé à soupçonner
sa sœur.

    Un jour il 'l'a interpellée:° il a dit qu'il s'émerveillait de voir sa   called for her
dame 'faire toilette ainsi,° et en a demandé la raison.   dress up so well

5   La vieille a répondu qu'elle n'en savait rien: nul ne pouvait lui
parler; elle n'avait ni amant ni ami; toutefois elle restait seule plus
volontiers que dans le passé; cela, la vieille l'avait bien remarqué.

    Alors le sire lui a répondu:

    «Par ma foi, je vous crois. Or il faut que vous fassiez quelque
10 chose: le matin, quand je serai levé et que vous aurez fermé les portes
sur moi, faites semblant de sortir, laissez-la reposer seule. Mais placez-
vous en un lieu secret, et de là regardez et observez ce qui peut la
tenir en si grande joie.»

    Sur ce conseil, ils se sont séparés. Hélas, comme ils seront
15 malheureux, ceux qu'on a résolu d'espionner° pour les prendre au   to spy
piège et trahir!

    Trois jours après, le sire a fait semblant de partir en voyage. Il
a dit à sa femme que le roi l'avait mandé par une lettre, mais qu'il
reviendrait vite. Il a quitté la chambre et a refermé la porte. Et la
20 vieille, qui s'était levée, s'est cachée derrière un rideau; elle pourrait
bien y entendre et voir ce qu'elle désirait connaître.

    La dame était toujours couchée, mais ne dormait pas, car elle
désirait beaucoup revoir son ami. Il n'a pas tardé, il est arrivé en une
heure. Ils ont mené grande joie ensemble, par paroles et par caresses,
25 jusqu'au moment où il s'est levé, car il lui fallait s'en aller.

    La vieille a vu et observé comment il est arrivé, comment il est
parti. Quand elle l'a vu homme, puis autour, cela lui a fait grande
peur.

    Le sire une fois revenu (il ne s'était guère éloigné), la vieille lui
30 a expliqué la vérité. Il en était grandement fâché. Il s'est hâté de faire
des pièges pour tuer le chevalier. Il a fait forger des 'broches de fer°   iron spikes
très grandes, avec des pointes bien aiguës;° sous le ciel il n'y avait   honed
point 'rasoir plus tranchant.° Après les avoir préparées et garnies   a sharper blade
de pointes arrangées comme les 'barbes d'un épi,° il 'les a disposées°   prongs of a fork, arrang-
35 sur la fenêtre par où le chevalier passait quand il revenait à la dame.   ed them
Dieu, si seulement il savait la trahison que le traître lui préparait!

IV

Le lendemain, le sire s'est levé avant l'aube° et a dit qu'il voulait   dawn
aller chasser. La vieille l'a accompagné, puis elle s'est recouchée pour
dormir, car il ne faisait pas encore jour.

5   La dame veillait; elle attendait celui qu'elle aimait loyalement;
elle souhaitait son arrivée, car il pouvait maintenant être avec elle
'tout à loisir.°   without rushing

'Sitôt qu'elle° l'a demandé, il n'a guère tardé. Il est venu en volant   as soon as she
droit vers la fenêtre, mais les broches étaient là: l'une l'a frappé en
10   plein corps et a fait jaillir° son sang vermeil. Quand il s'est senti blessé   gush
à mort, il 's'est dégagé° des fers, il est entré, il s'est posé devant la   freed himself
dame, sur le lit, dont les draps sont devenus sanglants.

Elle a vu le sang, la plaie, et, toute angoissée, s'est épouvantée.
Il lui a dit:

15   «Ma douce amie, pour votre amour, je perds la vie. J'avais prévu
ce qui adviendrait: votre air joyeux 'nous perdrait.°»   would be our demise

Quand elle l'a entendu, elle est tombée en pâmoison et a été
comme morte pendant un moment. Il l'a réconfortée doucement:
le deuil ne servait de rien; il la laissait enceinte d'enfant; ils auraient
20   un fils vaillant et preux qui la consolerait; elle le nommerait Yonec.
Il vengerait sa mère et son père; il tuerait leur ennemi.

Sa plaie saignait sans arrêt: il ne pouvait demeurer davantage.
A grande douleur, il est parti.

Elle l'a suivi avec des cris très aigus et s'est jetée après lui par
25   la fenêtre. C'était merveille qu'elle ne se soit pas tuée, car le bâtiment
avait bien vingt pieds de haut là où elle a sauté.

Elle ne portait que sa chemise. Elle s'est mise à suivre la trace°   trail
du sang que perdait le chevalier. Elle a suivi cette piste jusqu'au bas
d'une colline. Dans la face de cette colline était une ouverture que
30   le sang avait toute arrosée; la dame ne pouvait rien voir là-dedans.
Mais elle était sûre que son ami était entré là. Elle s'y est plongée
en toute hâte. Elle n'y a trouvé nulle clarté et a marché si longtemps
droit devant elle qu'elle est sortie de la colline et s'est trouvée dans
un très beau pré.

35   Trouvant l'herbe tout mouillée de sang, elle a été saisie d'angoisse.

Elle a suivi la trace au milieu du pré. Il y avait tout près une ville enclose°   surrounded
de murs. Chaque tour, chaque maison, chaque salle semblait faite
d'argent.° Devant s'étendaient le marais,° la forêt, l'enceinte.° De l'autre   of silver, swamp, enclo-
côté, près du donjon coulait une rivière: c'était là qu'arrivaient les   sure
5   bateaux; elle y voyait plus de trois cents voiles.

La porte de la ville était ouverte. La dame y est entrée, suivant
toujours la trace de sang frais. Elle a traversé la cité jusqu'au château
sans rencontrer homme ni femme. Elle est arrivée au palais; elle a vu
le pavement tout couvert de sang. Elle est entrée dans une belle chambre
10   où elle a trouvé un chevalier qui dormait. Elle ne le connaissait pas.
Elle s'est avancée dans une autre chambre plus grande. Elle y a trouvé
un lit, sans plus;° un chevalier dormait dessus; elle a passé outre.° Elle   nothing more
est entrée dans une autre chambre; elle y a trouvé le lit de son ami.   beyond it

Les montants du lit étaient d'or pur; la valeur des draps était
15   impossible à estimer; les chandeliers, où étaient allumés des cierges
nuit et jour, valaient tout l'or d'une ville. Sitôt qu'elle a vu le chevalier,
elle l'a reconnu.

Elle s'est avancée toute effrayée, est tombée sur lui et s'est pâmée.
Il l'a soutenue,[8] lui qui l'aimait, et à plusieurs reprises il s'est écrié:
20   «Malheureux que je suis.»

Quand elle est revenue de sa pâmoison, il l'a réconfortée doucement:
«Belle amie, pour Dieu, je vous en prie, allez-vous-en d'ici, fuyez°!   run away
Je vais mourir au milieu du jour; auparavant il y aura ici une douleur
si grande que si on vous trouvait ici, vous seriez bien tourmentée. Mes
25   gens sauront que c'est notre amour qui me perd. Pour vous j'ai douleur
et angoisse.

«Ami, répond la dame, je préfère mourir avec vous que souffrir
avec mon seigneur. Si je reviens chez lui, il me tuera.»

Le chevalier l'a rassurée; il lui a donné un petit anneau en disant
30   que tant qu'elle le garderait, son mari n'aurait aucun souvenir de ce
qui s'était passé et ne la persécuterait.

Il lui a confié aussi son épée et puis l'a conjurée de ne s'en jamais

---

[8] **Il l'a...** *he bore the weight of her*

défaire,° mais de la bien garder pour son fils. Quand celui-ci serait   *never to get rid of it*
chevalier preux et vaillant, elle l'amènerait à une fête avec son mari.
Là, dans une abbaye, ils apprendraient, près d'une tombe, les détails
du meurtre.° Elle donnerait l'épée à son fils; elle lui dirait le nom   *murder*
5 de son père et comment il était né. On verrait ce qu'il ferait.[9]

    Quand il lui a tout expliqué, il lui a donné une tunique de grand
prix; il lui a commandé de s'en vêtir et puis de le quitter. Elle s'en
est allée; elle a emporté l'anneau et l'épée, qui la consolaient.

    Au sortir de la ville, elle n'avait pas marché une demi-lieue qu'elle
10 a entendu sonner les cloches et le deuil s'élever du château pour le
seigneur qui se mourait. Elle savait bien qu'il n'était plus. Et de la
douleur qu'elle avait, elle s'est pâmée quatre fois.

V

    Quand elle est revenue de sa pâmoison, elle s'est remise en route
15 pour la colline; elle est entrée dedans, puis elle en est sortie et a
regagné° ainsi son pays. Elle y a vécu maint et maint jour aux côtés   *returned to*
de son seigneur qui de rien ne l'a accusée, ni ne lui a dit injure, ni
ne l'a raillée.

    Son fils est né, a été bien nourri, bien gardé, bien chéri. Elle l'a
20 nommé Yonec. Dans ce royaume, on ne pouvait trouver son égal
en beauté, en vaillance, en générosité. Quand il est devenu homme,
on l'a adoubé chevalier. Et cette même année, entendez ce qui est
advenu[10]!

    A Caerléon, une des villes où l'on célébrait la fête de Saint-
25 Aaron,[11] le sire est allé avec ses amis, selon la coutume du pays. Il
y a emmené sa femme et son fils, en grande et riche pompe.° Ils ne   *splendor*
connaissaient pas la route. Un jeune homme qui les accompagnait
les a conduits à un château splendide. A l'intérieur se trouvait une
abbaye de moines très pieux.° Leur guide les y a hébergés.   *devout*
30 Dans la chambre de l'abbé, on les a bien servis et honorés. Le
lendemain, après la messe, ils voulaient repartir. Mais l'abbé les a

---

[9] **On verrait...** *what he will do remains to be seen*
[10] **Entendez ce...** *listen to what happened*
[11] Feast of St. Aaron, the first of July.

priés de rester; il voulait leur montrer son dortoir,° son réfectoire,° dormitory, dining hall
son chapitre;° et comme ils avaient été très bien traités, le sire y a assembly hall
consenti.

5 Après le dîner et les services de l'abbaye, ils sont allés visiter la
salle capitulaire.[12] Ils y ont trouvé un grand tombeau recouvert d'une
soie décorée d'ornements en forme de roues, où courait en plein
milieu une bande d'orfroi.[13] A la tête du tombeau, au pied, sur les
côtés, vingt cierges étaient allumés dans des chandeliers d'or fin.
D'améthyste étaient les encensoirs° avec lesquels on encensait cette incense burners
10 tombe toute la journée par grand honneur.

Ils ont demandé aux gens du pays de qui était cette tombe, quel
homme y gisait. Ceux-ci ont commencé à pleurer et en pleurant à
raconter que c'était le meilleur chevalier, le plus fort, le plus fier, le
plus beau, le plus aimé qui eût jamais existé. Sur cette terre il avait
15 régné; jamais roi ne fut si courtois. A Caerwent il avait été attaqué
et tué pour l'amour d'une dame.

«Jamais depuis nous n'avons plus eu de roi. Voilà maint jour
que nous attendons, comme il l'a commandé, l'arrivée du fils qu'il
a engendré en la dame.»

20 Quand la dame a entendu la nouvelle, elle a appelé son fils à
haute voix.

«Beau fils, dit-elle, avez-vous entendu? C'est Dieu qui nous a
menés ici. Celui qui gît là-bas est votre père; ce vieillard l'a tué
traîtreusement. Or je vous rends son épée; voilà assez longtemps
25 que je la garde!»

Devant tous, elle lui a appris qui était son père, comment le roi
avait coutume de venir à elle, comment son sire l'avait trahi. Bref,° in short
elle a raconté toute l'aventure. Puis sur la tombe elle s'est évanouie;
dans sa pâmoison elle est morte; jamais plus elle n'a parlé.

30 Quand son fils a vu sa mère morte, il a coupé la tête à son
parâtre;° avec l'épée de son père, il l'a donc vengé, et sa mère en father-in-law
même temps.

---

[12] **Salle capitulaire** = a room where the assembly of monks was held
[13] **Où courait…** *with a wide band embroidered in gold down the middle*

Puis les gens de la ville ont pris à grand honneur le corps de la dame et l'ont déposé dans le tombeau, avec son ami. Que Dieu leur fasse miséricorde.°   mercy

Lanval

I

JE VOUS CONTERAI L'ORIGINE de l'aventure d'un autre lai. Il tire° son   takes
nom, chez les Bretons, d'un jeune homme très noble.

A Carlisle[1] séjournait le roi Arthur, le preux et le courtois.

Écossais° et Pictes° ravageaient alors le pays, envahissant et   Scot, Pict
saccageant° la terre de Logre. Donc le roi était à Carlisle, à la Pentecôte   ransacked
en été.

Il y a distribué beaucoup de riches présents aux comtes et aux
barons. Aux chevaliers de la Table Ronde, qui dans le monde entier
n'avaient pas d'égaux, il a donné femmes et terres. Il n'en a oublié qu'un
seul, et celui-là pourtant° l'avait bien servi: c'était Lanval. Le roi ne s'en   nevertheless
est plus souvenu,[2] et les gens de la cour n'étaient pas secourables° au   helpful
chevalier.

Sa valeur, sa générosité, sa beauté, sa prouesse étaient cause que
beaucoup l'enviaient; tel lui montrait semblant d'amour qui, en cas de
malheur, se serait gardé de le plaindre.[3] Il était de haut parage, fils d'un
roi, mais son pays était loin. Ne faisait-il pas partie de la maison du roi?
Or tout son avoir avait été dépensé;° et le roi ne lui a rien donné, et   spent
Lanval n'a rien demandé.

Le voilà triste, malheureux, et bien soucieux. Seigneurs, ne vous
en étonnez pas: l'étranger,° qui est privé d'appui,° est dolent sur le terre   the foreigner, support
d'autrui, quand il ne sait où chercher de l'aide.

Un jour, ce chevalier, qui avait tant servi le roi, est monté sur son
destrier et s'en est allé pour se délasser. Il était seul; il est arrivé dans
un pré. Il est descendu au bord d'une 'eau courante.° Son cheval   flowing brook

---

[1] Cumberland, a city in England.

[2] **Ne s'en...** *no longer remembered that*

[3] **Tel lui...** *he who appeared to be fond of Lanval would not have had pity if disaster had befallen him*

tremblait; il 'l'a dessanglé° pour le laisser rouler dans l'herbe. A   removed his tackle
quelque distance, Lanval a plié° son manteau sous sa tête et s'est   folded
couché. Sa misère lui donnait beaucoup à penser; il ne voyait dans
l'avenir chose qui 'lui plût.°   pleased him

5   Comme il se reposait ainsi, il a aperçu deux belles demoiselles
qui venaient du côté de la rivière; elles étaient richement vêtues,
étroitement lacées dans deux tuniques de pourpre sombre,° et leur   dark
visage était merveilleusement beau. L'aînée° portait une paire de   the eldest
bassins° d'or pur, admirablement travaillés; et l'autre portait une   bowls
10   serviette.° Elles venaient droit vers le lieu où le chevalier se trouvait.   towel
Lanval, qui était 'bien élevé,° s'est levé à leur approche. Elles l'ont   well-mannered
salué d'abord, puis lui ont dit leur message:

«Sire Lanval, notre demoiselle, qui est extrêmement vaillante,
sage et belle, nous envoie vers vous. Venez avec nous! Sans danger
15   nous vous conduirons chez elle; voyez là-bas sa tente.»

Alors le chevalier les a suivies; de son cheval qui paissait° devant   was grazing
lui dans le pré, il n'avait plus souci.

Elles l'ont amené jusqu'à la tente qui était très belle et très bien
plantée.° Ni la reine Sémiramis,[4] au temps où elle avait le plus de   positioned
20   fortune, et le plus de puissance, et le plus de sagesse, ni l'empereur
Octavien[5] 'n'en aurait pu° payer la moitié. En haut était un aigle°   could not have, eagle
d'or; ce qu'il valait, on ne peut l'estimer, non plus que les cordes et
les piquets° qui tendaient° les pans de la tente. Sous le ciel il n'y avait   poles, held up
pas de roi qui aurait pu les acheter, si riche soit-il.

25   Dans ce pavillon° se tenait la demoiselle. Elle surpassait en beauté   tent
'fleurs de lis° et roses nouvelles, quand elles paraissent au temps d'été.   lilies
Etendue° sur un lit magnifique, dont les draps valaient un château,   stretched out
elle ne portait que sa chemise. Son corps était joli et bien fait. Un riche
manteau en pourpre d'Alexandrie, doublé d'hermine° blanche, était   ermine
30   jeté sur elle pour lui tenir chaud; mais elle avait le côté découvert,
le visage, le cou et la gorge. La demoiselle était plus blanche que 'fleur
d'aubépine.°   hawthorn blossoms

---

[4] Legendary queen of Syria and Babylonia who supposedly founded
Babylonia and its hanging gardens.

[5] Octavius is the given name for the famously rich and powerful
Roman emperor Augustus.

Le chevalier s'est avancé et la demoiselle l'a invité à s'asseoir
devant le lit:

«Lanval, bel ami, dit-elle, c'est pour vous que j'ai quitté ma terre.
Je suis venue de loin pour vous chercher. Si vous êtes preux et
5 courtois, il n'est comte, roi ni empereur qui ait jamais connu la joie
qui vous attend, car je vous aime ˈsur toute chose° au monde.»   more than anything

Il la contemplait, il la trouvait belle. Amour ˈl'a piqué° d'une   pricked him
étincelle° qui a enflammé son cœur et ˈl'a embrasé.° Il a répondu avec   spark, set him on fire
gentillesse.

10 «Belle, dit-il, si j'avais la joie d'être aimé de vous, vous ne sauriez
rien commander que je ne ferais de mon mieux,⁶ que ce soit sagesse
ou folie. Je ferais vos commandements et j'abandonnerais tous pour
vous. Je ne veux jamais vous quitter: voilà ce que je désire le plus.»

Quand la demoiselle l'a entendu parler d'un tel amour, elle lui
15 a accordé sa confiance° et son cœur. Lanval était-il sur le bon chemin?   trust

Puis elle lui a fait un don: désormais° il ne souhaiterait chose   from then on
sans l'avoir aussitôt à son désir. Qu'il donne et dépense largement,
elle lui trouvera ˈde quoi y suffire.° Voilà Lanval bien pourvu:° plus   what he needs, provi-
il dépensera, plus il aura d'or et d'argent.   ded for

20 «Ami, fait-elle, voici une chose dont je vous conjure,° et que je   ask
commande et prie: ne découvrez notre secret à personne! Je vous
dirai pourquoi. Si notre amour était su, vous me perdriez à jamais;
jamais plus vous ne pourriez me voir ni prendre possession de mon
corps.»

25 Il lui a promis d'observer ses commandements.

Puis à côté d'elle, dans le lit, il s'est couché. Voilà Lanval bien
hébergé.° Il a passé là tout l'après-midi jusqu'à la nuit tombante et   lodged
il serait bien resté encore si son amie avait consenti.

«Ami, dit-elle, levez-vous; vous ne pouvez demeurer davantage.
30 Allez-vous-en; moi, je reste. Mais sachez ceci: quand vous voudrez
me parler, il n'est pas de lieu—de ceux du moins où l'on peut recevoir
son amie sans reproche et sans vilenie,—où je ne me présente aussitôt

---

⁶ **Vous ne...** *you would not be able to ask anything that I would not do to
the best of my ability*

à vous, prête à satisfaire vos désirs. Et nul homme ne me verra, sauf vous, ni n'entendra mes paroles.»

Quand il a entendu cela, il en était très joyeux; il l'a embrassée, puis il s'est levé.

5   Celles qui l'avaient amené à la tente lui ont passé de riches vêtements. Quand il a été de neuf habillé, il n'y avait sous le ciel plus beau jeune homme. Elles lui ont donné de l'eau et la serviette pour ses mains; puis elles ont apporté de quoi manger. Il a pris le souper avec son amie. On l'a servi très courtoisement et il a pris de tout à grande
10   joie. Mais il y avait entre chaque plat un divertissement qui plaisait beaucoup plus au chevalier: c'était de baiser souvent son amie et de l'embrasser étroitement.

Après le repas, on lui a amené son cheval. La selle en était bien sanglée: riche service, celui qu'il a trouvé là. Il a pris congé, il est monté
15   à cheval, et s'en est allé vers la ville.

Mais souvent il regardait en arrière. Il était en très grand émoi; il allait pensant à son aventure et doutant au fond de son cœur. Il était stupéfié à tel point qu'il ne savait que croire. A peine s'il croyait l'aventure véritable.[7]

20   Arrivé à son hôtel, il a trouvé ses hommes bien vêtus. Cette nuit-là il a tenu table ouverte; et nul ne savait d'où lui venait cette soudaine richesse. Il n'y avait pas dans la ville un seul chevalier ayant besoin de se refaire qu'il ne fît venir à lui et servir richement et bien.[8]

Lanval distribuait de riches cadeaux, Lanval libérait les prisonniers,
25   Lanval habillait les jongleurs,[9] Lanval menait la vie d'un chevalier fastueux. Il n'y avait étranger ou familier° qui ne reçoive quelque chose   friend
de Lanval. Et Lanval avait aussi grande joie amoureuse: la nuit, le jour, il appelait à lui son amie et elle venait. Tout était 'à ses ordres.°   at his beck and call

---

[7] **A peine...** *he hardly believed the adventure was real*
[8] **Ayant besoin...** *needing to regain his losses that Lanval did not have brought to him to be richly and well-served*
[9] In medieval times, these were traveling musicians who went from chateau to chateau singing and reciting poetry.

II

Cette même année, après la fête de Saint-Jean,[10] une trentaine
de chevaliers sont allés se divertir en un verger, sous° la tour où   at the foot of
habitait la reine. De leur nombre était Yvain le beau et son cousin
5   Gauvain, le franc, le preux qui savait 'se faire aimer° de tous. Et   to endear himself
Gauvain a dit:

«Par Dieu, seigneurs, nous ne traitons pas bien notre compagnon
Lanval, qui est si généreux, si courtois et fils d'un roi si riche, quand
nous venons ici jouer sans lui.»

10   Alors ils s'en sont retournés, ils sont venus à son logement, et
ont emmené Lanval 'à force de° prières.   by dint of

La reine était dans l'embrasure° d'une fenêtre;° elle avait trois   frame, window
dames avec elle. Elle a aperçu les familiers du roi et Lanval qu'elle
connaissait bien. Elle a appelé une de ses dames, elle l'a envoyée
15   chercher les plus aimables et les plus belles de ses demoiselles, pour
descendre avec elle dans le verger où se divertissaient les chevaliers.
Elle en a amené une trentaine; par les degrés, elles sont descendues.

A leur rencontre sont venus les chevaliers, qui leur ont fait un
joyeux accueil. Ils les ont prises par les mains; cette assemblée n'avait
20   'rien qui déplaise.° Pourtant Lanval s'est retiré 'à l'écart,° loin des   nothing distasteful, to
autres. Il lui tardait° de toucher son amie, de la tenir, de la baiser,   the side; longed
de l'accoler. La joie d'autrui ne le touchait guère, puisque lui-même
n'avait pas son plaisir.

Quand la reine l'a vu seul, elle est venue droit à lui. Elle s'est
25   assise près de lui, elle 'lui a découvert son cœur:°   disclosed her love

«Lanval, voilà longtemps que je vous honore, chéris, et que je
vous aime. Et vous pouvez avoir mon amour tout entier; 'vous n'avez
qu'à parler.° Je vous octroie ma tendresse; vous devez en être content.   just say the word

—Dame, fait-il, laissez-moi tranquille. Je ne m'intéresse pas à
30   vous aimer; j'ai longuement servi le roi, je ne veux pas 'manquer à
la foi donnée.° Ni pour vous ni pour votre amour, je ne ferai de tort   fail in my promise
à mon seigneur.»

La reine s'est courroucée; elle était en colère, elle a parlé

---

[10] The feast of St. Jean the Baptist, on June 24.

méchamment:

«Lanval, dit-elle, je le vois bien maintenant, ce n'est pas ce plaisir que vous aimez! Bien souvent on m'avait dit que vous n'aviez aucun souci des femmes. Vous avez des jeunes hommes bien dressés,° et 5 c'est avec eux que vous prenez vos plaisirs. Misérable couard, mauvais infâme,° bien malheureux est mon sire qui vous a souffert près de lui; assurément il en perd le salut de Dieu.[11]»

    trained

    sinner

Quand Lanval l'a entendu, il s'est bien affligé; mais il n'était pas long 'à la riposte,° et dans sa colère il a dit des choses dont il s'est 10 repenti 'par la suite.°

    with a retort

    soon thereafter

«Dame, dit-il, je n'entends rien à ces vilenies; mais j'aime une femme qui doit avoir le prix sur toutes celles que je connais, et je suis aimé d'elle. Et je vous dirai une chose; sachez-la bien 'sans détour:° n'importe laquelle de ses servantes, même la plus humble° de toutes, 15 vaut mieux que vous, dame reine, pour le corps et le visage et la beauté et l'éducation et la bonté!»

    plainly

    lowly

Alors la reine l'a quitté; elle est retournée en sa chambre, toute en pleurs. Elle avait grande douleur et courroux de ce qu'il l'avait ainsi avilie.[12] Elle s'est couchée en son lit, malade. Jamais, dit-elle, 20 elle ne s'en lèverait si le roi ne faisait droit à la plainte qu'elle allait lui adresser.[13]

III

Le roi est revenu des bois, très content de sa journée. Il est entré 25 dans la chambre de la reine. Quand elle l'a vu, elle est tombée à ses pieds, elle a imploré sa pitié, elle lui a dit que Lanval l'avait déshonorée: il l'avait requise d'amour.[14] Et parce qu'elle l'a éconduit, il l'a outragée et injuriée 'sans mesure:° il s'est vanté d'avoir telle

    carelessly

---

[11] **Qui vous...** *he who has endured your presence near him; surely he will lose the Lord's salvation because of it*

[12] **De ce...** *from how he had degraded her so*

[13] **Ne faisait...** *did not right the complaint that she was going to bring to him*

[14] **Il l'avait...** *he had solicited her love*

amie distinguée, si fière et si noble que mieux valait sa servante, même
la moindre de celles qui la servaient, que la reine elle-même.

Le roi s'est mis en grande colère; il a fait un serment: si Lanval ne
pouvait se justifier devant la cour, il le ferait brûler° ou pendre°! Hors   burned, hanged
5 de la chambre est sorti le roi; il a appelé trois de ses barons; il les a
envoyés chercher Lanval, qui avait déjà assez de mal et douleur.

Il était rentré à son hôtel; il avait aussitôt compris qu'en découvrant
son amour il avait perdu son amie. Il s'était retiré tout seul dans une
chambre, pensif et malheureux. Là sans cesse il l'appelait, mais cela
10 ne lui valait rien. Il se plaignait et soupirait, se pâmait de temps en temps,
puis lui criait cent fois d'avoir pitié de son ami, de lui parler; il maudissait
son cœur, sa bouche; c'était merveille qu'il ne se tuât.[15] Mais en vain
il criait, en vain il battait sa poitrine et se torturait: elle ne daignait pas
avoir pitié de lui ni lui apparaître un seul instant. Hélas, comment se
15 comportera-t-il?

Les messagers du roi sont arrivés et lui ont dit de venir à la cour
sans délai; la reine l'avait accusé, le roi l'a mandé. Lanval les a suivis,
plongé dans son deuil, mais il aurait préféré qu'on le tue. Il est arrivé
devant le roi, triste et taciturne,° témoignant une grande douleur.   quiet
20 Le roi lui a dit avec colère:

«Vassal, vous avez gravement méfait contre moi! Vous avez
laidement essayé de m'outrager, de me déshonorer, et d'injurier la reine.
Et vous vous êtes vanté d'une folie! Vous l'avez faite trop belle, votre
amie, 'en prêtant à° sa servante plus de beauté et d'excellence 'que n'en   attributing to
25 a la reine°!»   than the queen

Lanval s'est défendu: il n'a pas voulu déshonorer ni honnir son
seigneur, il n'a pas prié d'amour la reine. Mais pour l'amour dont il
s'est vanté, il a maintenu ses paroles: s'il menait un tel deuil, c'est qu'il
l'avait perdu. Au reste, il ferait ce que la cour jugerait.
30 Le roi était très irrité. Il a envoyé chercher tous ses hommes pour
apprendre d'eux franchement ce qu'il devait faire, de sorte que
personne ne pût le lui imputer à mal.[16] On a fait son commandement:
'que cela leur plaise ou leur déplaise,° tous sont venus.   happpily or not

---

[15] **C'était merveille…** *it was a wonder that he did not commit suicide*
[16] **De sorte…** *so that no one could accuse him of wrongdoing*

Ils ont décidé entre eux que Lanval serait jugé plus tard, mais que jusque-là il devrait 'donner des cautions à° son seigneur; il devait promettre qu'il attendrait son jugement et se présenterait au jour fixé; alors la cour serait rassemblée toute entière, car ce jour-là seuls
5   les familiers du roi étaient présents.

  guarantee by bail

  Les barons sont revenus vers le roi et 'lui ont exposé° la manière de procéder. Le roi a demandé les cautions.° Lanval était seul et plein de trouble; il n'y avait autour de lui ni parent ni ami. Gauvain s'est avancé, qui l'a cautionné,[17] et tous ses compagnons après. Et le roi
10   leur a dit:

  explained

  guarantors

  «Je vous accepte sur ce que chacun de vous tient de moi, terres et fiefs.[18]»

  Quand Lanval a eu trouvé des garants, il ne restait plus rien à faire. Il est retourné à son hôtel. Les chevaliers l'ont accompagné;
15   ils 'l'ont blâmé° et l'ont averti à ne pas mener si grande douleur; ils ont maudit son fol amour. Chaque jour, ils allaient le voir pour savoir s'il buvait, s'il mangeait; ils craignaient qu'il ne se rendît malade.

  scolded him

20   <center>IV</center>

  Au jour fixé, les barons se sont rassemblés. Le roi et la reine étaient là et les garants ont amené Lanval. Tous étaient dolents pour lui; il y en avait une centaine qui auraient tout fait pour le voir libre sans jugement, car on le croyait accusé à très grand tort.

25   Le roi a demandé la relation° selon la plainte° et la défense. Maintenant, tout reposait sur les barons.

  verdict, plea

  Ils sont allés au jugement, pensifs et troublés, à cause de cet homme noble venu de terre étrangère qui au milieu d'eux était engagé 'en si mauvais pas.° Certains voulaient l'accuser selon la volonté de
30   leur seigneur. Alors le duc de Cornouailles a dit:

  in such a mess

  «La cour ne manquera pas à son devoir; qu'on en pleure ou qu'on en chante, le droit° doit triompher.° Le roi s'est plaint de son

  justice, prevail

---

[17] **S'est avancé...** *came forward to guarantee him*
[18] **Je vous...** *I accept you (as guarantors) and the lands and fiefs each of you hold in my stead*

vassal que je vous entends nommer Lanval; il l'a accusé de crime contre le lien vassalique, à cause d'un méchant propos sur un amour dont il s'est vanté, ce qui a courroucé madame la reine. Personne ne l'a accusé, sauf le roi. Par ma foi, il n'y a pas là, pour qui veut parler franchement, matière à sentence, sinon qu'en toute affaire l'homme-lige doit honorer son seigneur. Mais de cela un serment d'innocence l'engagera, et le roi nous le rendra. Et si Lanval peut produire son garant, si son amie peut venir, s'il n'y a que vérité dans les choses qu'il en dit et dont la reine s'est fâchée, son propos lui sera pardonné,[19] puisqu'il sera établi qu'il n'avait pas inventé ces paroles pour humilier la reine. Mais s'il ne peut pas produire la preuve, nous devons lui annoncer ceci: il doit quitter le service du roi et doit se tenir pour banni.»

Ils ont envoyé vers le chevalier et lui ont demandé de faire venir son amie pour le protéger et être son garant. Il leur a répondu qu'il ne le pourrait; il n'aurait plus d'elle aucune aide. Les messagers sont revenus vers les juges: Lanval ne ferait désormais aucune défense.

Le roi les pressait de conclure, à cause de la reine, qui était impatiente.

Ils étaient sur le point de trancher la cause[20] quand ils ont vu venir deux jeunes filles, montées sur deux beaux palefrois qui 'trottaient l'amble.° Elles étaient extrêmement avenantes, vêtues d'un taffetas pourpre sur leur chair nue. Tous les ont regardées avec plaisir.   *were ambling along*

Gauvain, suivi de trois chevaliers, est allé à Lanval, lui a tout conté, lui a montré les deux jeunes filles, et, très content, l'a supplié de désigner son amie. Lanval a répondu qu'il ne savait qui elles étaient, ni où elles allaient, ni d'où elles venaient.

Elles se sont avancées, toujours à cheval; à cheval elles sont arrivées jusqu'au trône° où siégeait le roi Arthur, et là elles sont   *throne* descendues. Elles étaient d'une grande beauté et elles ont salué Arthur

---

[19] **Si Lanval...** *if Lanval can produce his lady to attest to the truth, if his friend can come, if there is nothing but truth in what he said which has angered the queen, his remark will be forgiven*

[20] **Ils étaient...** *they had reached the point of resolving the issue*

courtoisement.

«Roi, faites préparer des chambres, et que l'on les encourtine de soieries[21] pour que notre dame puisse y descendre: elle veut être hébergée dans votre maison.»

5 Il le leur a accordé volontiers; il a appelé deux chevaliers qui les ont fait monter aux chambres. Elles n'ont rien dit de plus.

Le roi a demandé à ses barons le jugement et la sentence: il était très courroucé du délai imposé.

«Sire, font-ils, nous nous sommes séparés pour regarder les dames
10 et nous n'avons rien décidé. Nous allons reprendre le procès.»

Donc ils se sont rassemblés tout pensifs. Et le bruit et la dispute ont recommencé.

Comme ils étaient dans cette agitation, ils ont vu deux jeunes filles pourvues de bel équipage descendre la rue, vêtues de deux
15 tuniques de soie orientale, et chevauchant° deux mules espagnoles.   riding
Grande joie en ont eu tous les vassaux. Ils se disaient entre eux que maintenant Lanval était sauvé, le preux, le hardi. Yvain est allé vers lui, emmenant ses compagnons.

«Sire, dit-il, reprenez courage! Pour l'amour de Dieu, répondez-
20 nous! Voici venir deux demoiselles, très avenantes et très belles. L'une est sûrement votre amie!»

Lanval a répondu vite qu'il ne les reconnaissait pas pour siennes, qu'il ne les connaissait pas, qu'il ne les aimait pas.

Mais les deux jeunes filles étaient arrivées devant le roi; elles
25 sont descendues. Tous n'avaient que des louanges pour leur corps, leur visage, leur teint;° chacune d'elles valait mieux que la reine.   complexion

L'aînée, qui était très courtoise et sage, a fait gracieusement leur message:

«Roi, faites préparer des chambres pour recevoir notre maîtresse;
30 elle vient ici vous parler.»

Il a commandé ¹qu'on les menât auprès° des autres qui étaient   that they be led
déjà venues. Pour leurs mules, elles n'ont dit mot. Quand Arthur en a eu fini avec elles, il a commandé à tous ses barons de rendre le jugement: le procès avait trop longtemps duré, et la reine s'en

---

[21] **Que l'on...** *hang the walls with silk*

courrouçait, car elle trouvait que le repas se faisait trop attendre.[22]

    Donc ils allaient conclure le débat, quand voici qu'à travers la ville est arrivée, à cheval, une jeune fille; dans le monde entier, il n'y avait pas de si belle.

5   Elle chevauchait un palefroi blanc qui la portait doucement; il était bien fait de tête et d'encolure:° il n'y avait pas de bête plus noble sous le ciel. Et sur le palefroi était un riche harnais; au monde il n'y avait comte ni roi qui pourrait le payer sans vendre° ses terres ou 'les mettre en gage.° Elle-même était vêtue d'une chemise et d'une robe blanche 10 lacée sur les deux flancs. Elle avait le corps gracieux, la hanche basse, le cou plus blanc que la neige sur la branche, le visage clair et les yeux changeants, une belle bouche, le nez droit, les sourcils bruns, un beau front, les cheveux bouclés et presque blonds; des fils d'or brilleraient moins que ses cheveux sous le soleil. Son manteau était de pourpre 15 sombre; elle en avait rejeté les pans derrière elle. Sur son poing, elle tenait un épervier,° et un lévrier° la suivait.

    Petits et grands, vieillards et enfants, couraient pour la regarder. Devant sa beauté, on ne savait que dire.

    Elle s'est avancée lentement. Les juges l'ont vue et l'ont tenue pour 20 grande merveille; pas un qui ne l'admirait et qui de bonne joie ne s'échauffait.[23]

    Ceux qui aimaient le chevalier sont venus à lui, et lui ont dit qu'une jeune fille approchait qui, s'il plaisait à Dieu, le délivrerait.

    «Sire compagnon, en voici une qui arrive, qui n'est ni blonde ni 25 brune; c'est la plus belle de la terre, entre toutes celles qui sont nées.»

    Lanval les a entendus, il a levé un peu la tête; il l'a reconnue, il a respiré. Le sang lui est monté au visage; et il a été prompt° à parler.

    «Par ma foi, dit-il, voilà mon amie! Peu m'importe la mort si elle m'accorde sa grâce! Je ne souffre plus, puisque je la vois.

30   · La jeune fille est entrée au palais; jamais si belle n'y est venue depuis. Elle est descendue devant le roi, de sorte qu'elle était bien vue de tous. Elle a laissé tomber son manteau, afin que tous puissent

Margin glosses:
- neckline
- selling
- mortgaging them
- sparrow hawk, greyhound
- quick

---

[22] **Se faisait...** *had been waiting too long*

[23] **Pas un...** *not one failed to admire her nor warm up to her gladly*

la voir mieux. Le roi, qui connaissait les usages, s'est levé à sa rencontre; tous les autres l'ont honorée et ¹se sont empressés° pour hastened to la servir. Après qu'ils l'avaient bien regardée et qu'ils avaient assez loué sa beauté, elle a parlé ainsi car elle ne voulait pas rester là:

5   «Roi, j'ai aimé un de tes vassaux; le voici, c'est Lanval. Il a été accusé devant ta cour et je ne veux pas qu'il ait à souffrir des paroles qu'il a dites. ¹Sache° ceci: c'est la reine qui lui a fait tort; jamais il n'a know this cherché ¹à la séduire.° Si donc, telle que je suis, je puis le justifier de to seduce her s'être vanté, que tes barons le libèrent.²⁴»

10   Le roi a promis de faire ce que les barons jugeraient en toute loyauté. Pas un qui n'ait prononcé aussitôt qu'elle avait bien justifié Lanval. Leur décision l'a libéré. Et la jeune fille est partie; le roi n'a pu la retenir; les gens se sont pressés pour la servir.

Hors de la salle, on avait mis un grand bloc de marbre gris d'où
15 les hommes d'armes montaient sur leurs chevaux quand ils quittaient la cour du roi. Lanval est monté dessus. Quand la jeune fille est sortie de la porte, il a bondi° d'un seul élan sur son palefroi, derrière elle. leapt

Lanval s'en est allé, avec elle, en Avallon,²⁵ disent les Bretons, une île belle et merveilleuse. Ainsi a été ravi le jeune homme. Nul
20 n'en a entendu désormais parler, et je ne puis plus rien vous en dire.

Et sur-le-champ Yonec est devenu seigneur du pays.

Longtemps après, ceux qui ont entendu cette aventure, inspirés de la pitié qu'ils ressentaient de la douleur soufferte par les amants, en ont fait un lai.

---

²⁴ **Si donc…** *If by my appearance, I can justify being boasted about, the knights should free him*

²⁵ Avalon is a Celtic island paradise in the western seas where, legend has it, King Arthur went to die.

French-English Glossary

abandonner to let go of, leave

abattre to knock down

abattu (m) a fallen man

abbesse (f) an abbess: a Mother Superior of a convent

aboutir to go all the way, end, result in

aboyer to bark

abrégé (-e) shortened, abridged

abri (m) a shelter, haven

accablé (-e) overwhelmed, weighed down by, oppressed

accès (m) an outburst

accoler to hug, join

accompagner to escort, accompany

accomplir to fulfill

accord (m) an agreement, peace

accorder to grant, award

accoucher to give birth

accourir to come running

accroître to increase the size of, *past participle* **accru**

accueil (m) a reception, welcome; **faire bon — à** to receive graciously

acier (m) an alloy, steel

acquérir to acquire, *past participle* **acquis**

acquitter to liberate

adjurer to beg

adoubement (m) knighthood ceremony

adresse (f) skill

adresser to address, send; **— la parole** to speak to, address someone

advenir to happen, *past participle* **advenu**

s'affaisser to collapse, subside

affamé (-e) starved

affection (f) admiration, attention

affligé (-e) victimized, distressed

s'agenouiller to kneel down

agrément (m) pleasure, charm

aigle (m) eagle

aigu (-ë) honed, sharp

ailleurs elsewhere, somewhere else

aimer to love; **se faire —** to endear oneself

aîné (e) eldest

ainsi est-il so it is

air (m) a look

alentour around, about; **d'—** surrounding

aller to go' **s'en —** to take off, go away from

allouer à to allocate to

allure (f) pace; **à grande —** quickly

alors so, then

s'amaigrir to lose weight

amant (m) a lover

âme (f) a soul

amender to modify

amener (à) to bring (a person) (to)

amer (-ère) bitter

amèrement bitterly

amical (-e) friendly
amoindrir to diminish
ancre (m) an anchor
anneau (m) a ring
antique ancient
apercevoir to be noticed, caught
   sight of, *past participle* **aperçu**
appartenir to belong to, *part*
   participle **appartenu**
apporter to bring, carry (something)
apprendre to learn, *past participle*
   appris
apprêter to ready; **s'** — to get dressed
appui (m) support
arc (m) a bow
archevêque (m) archbishop
argent (m) silver, money
arracher (à) to tear away (from)
arrêter to cease, arrest; **s'** — to stop
arroser to water
assaut (m) an attack
assiégé (-e) under attack
assiégeant (m) attacker, besieger
assis (-e) positioned, *from verb*
   s'asseoir to sit; — **bien assis**
   tightly-fitted
assister to attend
assouvir to appease, sate
s'assurer to assure
assurément assuredly, surely
atteindre to reach, attain, *past*
   participle **atteint**
attendre to wait; **s'** — à to expect
attiré (-e) attracted, captivated
attraper to catch
aube (f) dawn
aubépine (f) hawthorn
aucun (-e) none
audacieux (-euse) daring
aumône (f) alms

aumonière (f) a purse
auparavent before
auprès de near to, amongst
aussitôt que as soon as
autel (m) an altar
autour (m) a hawk
autrefois in the past, long ago
autrui (m, pl) others
avenant (-e) pleasant, good-looking,
   comely
avilir to degrade
aviron (m) an oar
aviser to inform; **s'** — (à) to become
   aware of, be advised (to), realize
avoir (m) possessions, assets,
   property, resources
avoir to have, *past participle* **eu;** —
   lieu to have cause/reason; **il y a**
   there is, there are

baigner to bathe
baiser to kiss
baissé (-e) lowered
bander to bind
bassin (m) a bowl, basin
battre to beat
belotte (f) a weasel
béni (-e) holy, blessed
bénir to bless
berceau (m) a cradle
besoin (m) a need
bête (f) beast, animal; —5 avril 2007
   de somme a beast of burden
biche (f) a doe
bienfait (m) a good deed
biens (m) possessions, goods, wealth
blâmer to scold
blesser to wound
blessant(e) hurtful
boire to drink, *past participle* **bu**

bois (m) a forest, woods, stand of trees,
bois d'un cerf (m.pl.) antlers
bondir to leap
bonheur (f) happiness
bonnement simply
bouillant (-e) boiling
bourg (m) a small village
bras (m) an arm
bref in short
Breton (m) a man from or language of Brittany
breuvage (m) a magic potion
brièvement shortly
briser to break
broche (f) a spike
broder to embroider
bruit (m) a noise
brûler to burn
buisson (m) a bush
but (m) an aim
butin (m) booty, loot

cacher to hide
cachette (f) a hideaway
calice (m) a chalice, cup
calomnier to vilify
cas d'urgence (m) an emergency
cause (f) a reason, cause; **à — de** because of
caution (f) bail *by extension* guarantors of bail
cave (-e) hollowed out
ce qui/ce que what, *relative pronoun*
ceci this
céder to give in to, give way
ceinture (f) a belt
celer to conceal
celui the one; **— -ci** this man/one (here)

centaine (f) a hundred or so
cependant nonetheless, yet
cercueil (m) a casket
cerf (m) a stag, buck
certes of course
chacun (-e) each one
chagriné (-e) distressed
chaitivel (m) a wretched one
chapitre (m) an assembly hall in an abbey, a chapter
chargé (-e) overloaded
charger to put in charge
chasser to hunt
chaste pure, chaste
châtaignier (m) a chestnut tree
chaton (m) a bezel; a groove designed to hold a gem stone
chauffer to heat
chemin (m) a way, path, road
chemise (f) a nightdress
chenu (-e) gone white
chercher to look for
chérir to treasure
chevalerie (f) chivalry, knighthood
chevalier (m) a knight
chevauchant riding horseback
chevaucher to ride horseback
chevet (m) a foot of a bed
cheville (f) a peg, ankle, support
chèvrefeuille (m) honeysuckle
cierge (m) a candle
clair (-e) light-colored
clarté (f) brightness
cloche (f) a bell
clocher (m) a bell tower
coeur (m) a heart; **de bon —** gladly
coffret (m) a casket, jeweled box
colère (f) anger
combler to heap, satisfy
commandement (m) the charge

comment how, a way
communément normally
comportement (m) behavior
comporter to include, involve; **se —**
  to carry oneself, behave, act in a
  manner
concevoir to devise, *past participle*
  conçu
conduire to drive, lead, guide, steer,
  past participle **conduit; se —** to
  behave
confiance (f) trust, confidence
confier (à qqn) to give (to so)
congé (m) a leave
conjurer to ask, beseech
connétable (m) a supreme
  commander for a king or lord
connaître to know, be aware of, be
  acquainted with, *past participle*
  connu
conquérir to win over, *past participle*
  conquis
se consacrer to devote oneself to
consommer (la ruine de) to assure
  (the ruin of)
construire to build, construct, *past*
  participle **construit**
conter to tell, relate
contrainte (f) an imposition
contraire opposing
contrée (f) a land
convenablement suitably
convenir to fit, suit, agree, *past*
  participle **convenu**
convenu (-e) agreed upon
convoiter to lust after, crave
convoquer to summon, call together
coquette flirtatious
coucher to put to sleep; **se —** to lay
  down to sleep

coudrier (m) a hazel tree
couette (f) a down bed covering
couler to flow
coup (m) a blow
couper to cut (off)
cour (f) a royal court
courant (-e) running, flowing
courroucé (-e) irate
courroux (m) fury
cours d'eau (m) a stream,
  watercourse
courtiser to woo
courtois (-e) courteous, polite
couteau (m) a knife
coutume (f) a custom
couvent (m) a convent
couvercle (m) a cover
se couvrir to cover oneself, *past*
  participle **couvert**
craindre to fear, *past participle* **craint**
crampon (m) a stud: framing board
creux (-se) broken, hollowed, empty
croire to believe, *past participle* **cru**
cuisse (f) a thigh
cuve (f) a vessel
cygne (m) a swan

d'ailleurs moreover, furthermore
davantage (much) more
débarquer to disembark
se débarrasser de to get rid of, rid
  oneself of
débarrer to unlock, unbar
débauche (f) debauchery, lewdness,
  indulgence in sensual pleasures
debout standing, up, upright,
  command get up!
déchirer to tear up, rip
découplé unleashed
découvrir to discover, uncover,

disclose, *past participle* **découvert**
dedans inside
déesse (f) goddess
se défaire de to be rid of, get rid of, *past participle* **défait**
défendre à to forbid
défi (m) a challenge
définitivement for good, once and for all
se dégager to free oneself
degré (m) degree, step
dehors outside
délacer to untie
se délasser to relax
délier to untie
délivrance (f) a rescue, deliverance, delivery (of a baby)
demeure (f) a dwelling
demeurer to dwell
dénouer to untie, unknot
dépenser to spend
dépensier (m) one in charge of food distribution or spending
déplaire à to displease, to be distasteful, *past participle* **déplu**
déployer to unfurl, deploy
déposer to drop off
se dépouiller to undress
depuis (que) since
dériver to drift
dès (que) from ; as soon as
descendre to dismount, go down, stop at (a place)
désigner to point out, to designate
se désoler to be sorry
désormais from that time forward, from now on
déssangler to unbridle
se détacher to free oneself
detour (m) a detour, curve,

deviation; **sans —** plainly
détourner to divert, misappropriate; **se — de** to turn away from, abandon
détresse (f) anxiety, distress
détruire to destroy, *past participle* **détruit**
deuil (m) mourning, grief
devenir to become, *past participle* **devenu**
dévoiler to divulge
devoir to be obliged, must, should, *past participle dû*
diffamé (-e) falsely accused
dignement with dignity
dire to say, tell
disparaître to disappear, die, *past participle* **disparu**
disperser to break up, scatter
disposer to arrange
dissimulé (-e) covert
distraire to distract, *past participle* **distrait; se —** to enjoy oneself
diverter to amuse, entertain; **se —** to have fun, amuse oneself
divertissement (m) amusement
dolent (-e) mournful
dommage (m) injury
don (m) a gift
donjon (m) a castle tower
donner to give; **à —** for the taking
dortoir (m) a sleeping area
dot (m) a dowry
doublé (-e) lined
doué (-e) endowed
douleur (f) sorrow
douter to doubt
doux (-ce) sweet
drap (m) a sheet
dresser to train

droit (m) justice, law, a right
dur (-e) hard, hardy, tough, difficult

ébène (f) ebony
à l'écart out of the way, to the side
écarter to move back, set aside,
    separate, part
échaudé (-e) scalded
échecs (m. pl.) checkers
échelle (f) ladder
échouer to be unsuccessful
éclater to explode
éconduire to dismiss, *past participle*
    éconduit
écorce (f) bark
Écossais (-e) a Scot or Scottish
    woman
écouler to dispose of, get rid of; s'—
    to run out, flow out, pass by
s'écrier to cry out, exclaim
écu (m) shield
écusson (m) badge
écuyer (m) a squire, messenger on
    horseback
s'efforçer to strive to, try
éffroi (m) fright, terror
égal (m) equal
égaré (e) astray, lost
égarer to lose, mislead, stray, s'— to
    delude oneself, commit a folly, go
    astray
élan (m) a burst, bound, momentum
électuaire (m) an electuary: a
    drinkable medicine
élever to raise, bring up
élévé (-e) raised; bien — well-
    mannered , well-raised
éloigner to remove, put off, discard,
    send away s'— to drive away, go
    away, move away

embraser to set on fire
embrasure (f) a doorway, window
    frame
embusquer to lie in wait, ambush
émerveiller to amaze; s'— to be
    surprised, marvel at
emmener to lead (a person)
en émoi (m) agitated
s'émouvoir to be moved emotionally
s'emparer de to gather, take
    possession of
empêcher to prevent
emporter to sweep away, carry
    away; — sur to win out over,
    defeat
s'empresser to hurry, hasten
en quête de in search of
en sorte que as a result
énasé (-e) noseless
enceinte (f) surrounding wall
enceinte pregnant
encensoir (m) censer or thurible, for
    burning incense in a religion
    service
entendre to hear
enclin leaning toward, inclined
enclos (-s) enclosed
encolure (f) neckline, *by extension*
    appearance
encourtiner to hang walls with
    fabric, curtain
encre (f) ink
enduit (-e) coated
enfoncer to knock in/down, s'— to
    sink
enfouir to be buried
s'enfuir to make a run for it
engager to be involved in, swear
engendrer to father
ennui (m) pain

ennuyer to trouble, bother, — **fort** to really bother

enrichi (-e) endowed

ensanglanter to drench with blood

enseigner to indicate, show, teach

ensevelir to bury

entendre to understand; — **parler** to hear tell of/about

enterrer to bury

entire (ère) entire, whole

entourer to rally around

avec entrain (m) with pep

s'entr'aimer to love each other

entrelacé (-e) intertwined

entretenir to foster, maintain, *past participle* **entretenu**

envelopper to wrap up **s'**— to wrap oneself up in

envie (f) urge

envoyer to send

épais (-e) thick

épaisseur (m) the thick, thickness

s'épanouir to bloom

épargner to spare

épée (f) sword

éperdu (-e) lost

éperdument passionately

éperonner to spur on

épervier (m) sparrow hawk

époux (-se) a spouse

s'éprendre de to be smitten with, *past participle* **épris**

épris (-e) infatuated

s'épuiser to wear yourself out

équipements (m. pl.) gear

ermite (m) a hermit

errer to wander

escorte (f) entourage

espionner to spy

esprit (m) mind-set

s'essayer to try

estropié (-e) crippled

étaler to lay out

s'étendre to stretch out, spread out, extend

étendu (-e) stretched out

étincelle (f) spark

étoffe (f) cloth

étonnant (-e) surprising

étonner to be surprised

étourdir to dizzy

étranger (ère) a foreigner

étranger (-ère) foreign

être to be, *past participle* **été**, *subjunctive* **je sois...vous soyez**, *passé simple* **je fus...il fut...ils furent;** — **de** to take part in, be at

étreindre to clench, *past participle* **étreint**

étrier (m) stirrup

étroitement closely

eunuque (m) eunuch: castrated man who guards a harem

évanoui (-e) passed out

éveiller to awaken, arouse

exhorté (-e) urged

exposer to explain, **s'**— to leave oneself exposed to

extenué (-e) exhausted

fâcheux (-euse) troublesome, troubling

faire to make, do, *past participle* **fait;** — **des ravages** to devastate; — **du mal** to hurt; — **exprès** to do on purpose; — **la cour** to woo, court; — **plainte** to voice a complaint; — **préparer** to have (something) prepared; — **signe** to signal; — **son accord** to make one's peace;

— **se** — to make oneself; — **se** — **prier** to hesitate
falaise (f) cliff
falloir (+ infinitive) to nearly (+ infinitive), *past participle* **fallu** ; **il** — it is necessary to; one must/should
familier (ère) a friend, acquaintance
faon (m) a fawn
faste (m) splendor
fastueux (-euse) ostentatious
faute (f) a sin, mistake, error, fault, lack, need
faveurs (f. pl.) good graces
fée (f) fairy
se féliciter to be welcome
félonie (f) disloyal act, treachery
fer (m) iron
feu (m) fire; — **d'enfer** hell's fire
fidèle faithful
se fier à to put ones trust in
figer to freeze
figuré (-e) represented
figurer to consider
filet (m) net
fiole (f) vial, phial
fixer to settle upon
flanc (m) side, flank
Flandres (f) Flanders, Holland
flatter to flatter
flèche (f) an arrow
fleur (f) a flower; **à la** — **de** in the prime, in the flower of; — **de lys** a fleur-de-lis or iris, heraldic device for the monarchy
flot (m) a wave
foi (f) faith; **de bonne** — faithful, true; — **donnée** a promise, one's word given, sworn allegiance; **par ma** — my goodness, my word

fois (f) time
folie; folies (f) whim, folly; nonsense
follement foolishly
fondu (-e) collapsed, *past participle of* **fondre**
font (m) a (baptismal) font
force (f) strength; **(à)** — **(de)** by dint of
forche (f) a fork
forestier (m) a woodman
forger to forge; **faire** — to have (something) forged
forte maison (f) a castle
fortifier to fortify, supply
fosse (f) a grave
fouiller to search through
foule (f) a crowd
fournir to provide
franc (-che) sincere
franchir to step over, cross
franchise (f) honesty
frêne (m) an ash tree
fréquenter to visit often
frissons (m, pl) tremors
fuir to flee, run away
fureur (f) fury, rage

gage (m) a pledge
garde de (f) the care of
garder to protect; — **quelqu'un à** to keep someone in
garni (-e) de filled with
gendre (m) a son-in-law
gêner to hinder
genou (m) a knee
giser to rest in peace
gîte (m) a resting place
gonfanon (m) a Norman banner
gouvernail (m) a helm
grâce (f) mercy, grace, thanks; **de** —!

have mercy!

grandement nobly

gré (m) liking, will; **de plein —** willingly

grêle excessively delicate

grimper to climb

gris (-e) gray

grogner to grumble

gronder to scold

guère hardly, scarcely, little, few, not much, not many; **ne... —** *negation* hardly

guérir to heal

guérison (f) healing

guerroyer to wage war

guetter to lie in wait for

à sa guise as one wishes

habit (m) clothing

haie (f) a hedge

haïr to hate

hallier (m) shrubbery

hardi (-e) fearless, bold

harper play the harp

par hasard (m) (by) chance

en hate (f) hastily

hâter to act hastily, quicken; **se —** to rush

hâtivement zealously, hastily

haubert (m) a coat of mail

haut (-e) high

hâvre (m) a port

héberger to lodge

hélas! alas!

héritage (m) an inheritance

héritier (m) an heir

hermine (f) ermine

sur l' heure (f) in an instant

homme-lige (m) a faithful vassal/subject

honnir to shame

honorer to honor

hors outside

huissier (m) a door-keeper

humble lowly

s'humilier to pay homage, humble oneself

ignorer to not know

il s'agit de it is about, it is a question of

importer to signify; **n'— qui** no matter who, anyone; **peu —** (it) matters little

inciter to prompt

inconstant (-e) fickle

incrusté (-e) inlaid

indigne unworthy

infâme (m) sinner

s'informer to inquire, ask around

infortuné (-e) calamitous, hapless

instruit (-e) educated

interpeller to call for, call to

intime close

issu (-e) de originally from

jadis long ago

jaillir to gush

jamais ever; **à —** forever; **ne... —** never

jetant flinging, *present participle of* **jeter**

jeter to throw, cast; **— un sort** to cast a spell; **— un soupir** to heave a sigh

jouir de to enjoy

jouissance (f) joy, sensual pleasure

joute (f) a joust

juge (m) a judge

juger to judge; **se —** to judge oneself

jumeau (m) a twin
jurer to swear

là there; — **-dessus** with that
lacet (m) a snare, tie
lâcher to release
lai (m) type of poem, tale
laisser to leave (be), let, let go, drop,
    leave off
se lamenter to weep
lancer to throw, shoot
lançant casting, *present participle of*
    lancer
lande (f) a heath
lanière (f) a rope
large wide, generous; **au** — off-shore
léger (-ère) light
lent (-e) slow, stupid
lever to lift; **se** — to get up
lévrier (m) greyhound
libéral (-e) generous
lié (-e) bound, linked
lier to tie
lieue (f) a league
linge (m) a linen cloth
lisière (f) a border
livrer to bring; **se** — to indulge
    oneself in
loger to lodge, make a home
loisir (m) leisure; **à** — leisurely
longeron (m) wood beam
lors de at the time of
lorsque when
louange (f) praise
louer to praise
lourd (-e) heavy
luire to gleam, *past participle* **lui**
lutte (f) skirmish, struggle, battle
maint (-e) numerous, many a
maître (m) rider, master

mal *invariable adjective* bad, wrong,
    ill; *adverb* badly, wrongly, ill
malheureux (-euse) miserable
manche (f) a sleeve
mander to signal, summon
manquer to fail, miss, lack
marais (m) swamp
marbre (m) marble
marée (f) tide
marin (m) a sailor
martre (f) sable
mât (m) a mast, pole
maudire to curse, *past participle*
    maudit
maudit (-e) (soit) cursed (be)
mauvais pas misstep, mess
maux (m) ills, pain, harm, evil, hurt,
    illness
médire to bad-mouth, *past participle*
    médit
médisant (-e) a slanderer,
    slanderous
méfait (m) a sin, misdeed
meilleur (-e) best
mêlée (f) free-for-all
mener to lead, show (ancient)
mépris (-e) disdain
mer (f) a sea; **haute** — **(f)** high seas
mériter to deserve
merveille (f) marvel
merveilleux (-euse) supernatural
mésure (f) moderation, measure,
    yardstick, standard; **sans** —
    carelessly
métier (m) a line of work
mettre to put, place, *past participle*
    mis; — **à mort** to put to death; —
    en gage to mortgage; — **en route**
    to send on one's way; — **pied à**
    terre to dismount, set foot; **se** — **à**

to begin to; **se — à genoux** to kneel down
meurtre (m) a murder
mi-chemin à halfway
mieux vaut better to
mine (f) an expression, appearance
misère (f) poverty
miséricorde (f) mercy
miséricordieux(-euse) merciful
à moins que unless
montant (m) a rising
monter to climb; **— à** to launch; **— en selle** to saddle up
se moquer de to mock, make fun of
moqueur (m) one who mocks
moqueur (-euse) mocking
mordant biting, *present participle of* mordre
mordre to bite
morne doleful
motif (m) a cause, motive
mouillé (-e) soaked, wet
mourir to die, *present tense* **je meurs**, *past participle* **mort**
mur (m) a wall
muraille (f) a high, thick wall fortifying a castle
mûr (-e) mature, ripe
murmurer to whisper

naufrage (m) a shipwreck
néanmoins nevertheless
ni…ni *negation* neither…nor
noces (f, pl) nuptials
noeud (m) knot
nonnain (f) a nun
nourrir to nurse, nourish
nouvelle (f) news
nu(e) naked
nuit (f) night; **— blanche** sleepless night; **— close** completely dark
nul (le) none, not one

obéir à to obey, follow (orders)
s'occuper de to take care of
octroyer to grant
offrir to give, offer, supply, *past participle* **offert**
oiseau (m) a bird
ombre (f) a shadow
omettre to omit, leave out, *past participle* **omis**
once (f) an ounce
onde (f) a wave
or (fin) (m) (solid) gold
or so, now, yet, *conjunction*
orage (m) a storm
ordonner à to command to
à ses ordres as one wishes, at one's beck and call
oreiller (m) a pillow
orgueilleux (-euse) proud
os (m) a bone
oser to dare
ôter to remove, take off, strip off, cut away
oubli (m) forgetting, lapse of memory
s'oublier to be forgotten
ourlé (-e) hemmed
outrage (m) a dishonor
outre beyond; **— -mer (m)** overseas

pair (m) peer, equal
paître to graze (on pasture), *no past participle*
palais (m) palace
palefroi (m) a lady's horse
pâlir to turn pale
se pâmer to faint

pâmoison (f) fainting spell
pan (m) flap (on a tent)
parage (m) lineage
parâtre (m) stepfather
parchemin (m) parchment paper
parcourir to skim through, *past participle* **parcouru**
pareil (-lle) (one) like it
parent (m) a relative
parmi amongst
parole (f) a word
parrain (m) a godfather
part (f) part, share; **à —** aside, to the side, separate; **de (ma) —** from (me), in (my) name
partir to leave
parvenir à to reach, bring oneself to, *past participle* **parvenu**
pas (m) step
passer to pass, cross, give; **— en courant** to run by; **se —** to happen
passerelle (f) a gang plank
patte (f) a paw
pavé (-e) paved
pavillon (m) a tent
pays (m) a country
paysan (m) a peasant
peine (f) sorrow, effort, difficulty, punishment; **à —** barely, hardly
pencher vers to lean towards
pendre to hang
pensif (-ive) wistful
pente (f) a hill
perdre to lose, doom; **se —** to lose oneself
perdant losing, *present participle of* **perdre**
perdu (-e) lost, *past participle of* **perdre**

périr to perish
personne (f) a person, someone; **ne... —** nobody, *negation*
perte (f) a loss
peser to weigh
peur (f) fear
Picte a Pict
pieds-joints feet-together
piège (m) a trap
pierre (f) a stone
pieux (-euse) pious, devout
piquer to prick
piquet (m) pole, picket
pire worse
pis worse
piste (f) a trail
plaie (f) wound (from an injury)
plaindre to lament, pity, *past participle* **plaint; se —** to complain
plainte (f) a plea, legal complaint
plaire à to please, *past participle* **plu**
planté (-e) positioned
à plat flat
pleurer to cry
plier to fold; **se — à** to bend to
plonger to immerse, plunge, dunk
plus more, any more; **ne... —** no more, no longer, *negation*
poids (m) a weight
point (m) point, position; **sur le —** on the verge
poix (f) pitch, tar
pompe (f) splendor, pomp
porter to bear, carry, wear
se poser to settle, land, place oneself
pourpre (m) crimson, purple
pourtant however, nevertheless
pourvoir à to provide for, *past participle* **pourvu; se —** to fit oneself up with

pourvu (-e) provided, provisioned

pouvoir to be able to, can, *past participle* **pu**

pré (m) a meadow

précieux (-euse) treasured, precious, noble, valued

se précipiter to leap, throw oneself

prendre to take, drink, eat, *past participle* **pris;** — **congé de** to take leave of; —**en haine** to loathe; —**garde** to take care; — **son plaisir avec** to take one's pleasure with; **s'en** — **à** to treat one harshly, be angry with

pressant (-e) *present participle of* **presser,** urgent

presser to urge, press, push, hurry; **se** — to hurry up

prêt (e) à ready to

prétendre à to claim

prêter à to attribute to

preux (*invariable adj*) fearless

prier to beg

de prime abord first of all

priser to esteem

priver to deprive of, **se --- de** to deny oneself, do without

prix (m) a prize, price; **à aucun** — not at any price, under any circumstances

procès (m) a trial

procurer (se) to obtain

prodiguer to lavish

produire to produce, *past participle* **produit**

profits (m. pl.) something to gain

proie (f) prey

prompt (-e) quick

propos (m) a remark

propre *preceding noun,* own; *following noun,* clean

prouesse (f) prowess

prud'homme (m) a gentleman

prude discrete

psautier (m) a psalter, psalmbook

publier to publish

pucelle (f) a maiden, virgin

puis then; *conjugation of* **pouvoir** *je puis* I can, may

puisque since

quant à as for

que *conjunction* that; *comparative* as, than; *relative pronoun* that, whom, which; *exclamation* how! what!; **ne...** — *negation* only, just

quelque some; **quelques-uns** a few

quiconque whoever

rabatteur (m) a beater (for hunting), tracker

racine (f) a root

raconter to tell (a story), recount

rafraîchir to rejuvenate

railler to mock

ralliement (m) a rally

rameau (m) a branch

ramification (f) a ramification: branching part of a tree

rang (m) a rank

rapine (f) plunder

rappel (m) a call to return

rappeler to remind

rapporter to spread

rasoir (m) a blade, razor

rechauffer to warm up

rechercher to look for, to seek;

recherché (e) sought after, *past participle of* **rechercher**

recommandant *present participle* advising

recommander à to entrust to
réconforter to comfort
reconnaître to recognize, make out, *past participle* **reconnu**
recours (m) a way out, recourse, choice; **sans —** everlasting
reculer to back away, to recoil
redouter to fear
refectoire (m) a refectory, dining area
réfléchir à to think over/about
regagner to return to, make it back
regard (m) a look
règle (f) a rule
regretter to lament
rehausser to raise up
reine (f) a queen
réjouir to rejoice; **se —** to be delighted
relation (f) a statement, *by extension* a verdict; relationship, connection
se relever to recover
remarquer to notice
remède (m) a medicine
remercier to thank
remettre to deliver, *past participle* **remis**
remords (m) remorse
remplir to carry out
remuer to stir
renconforter to be comforted
rencontrer to meet
rendre à to give back to; **— service à** to do a service for; **se — compte** to realize
renier to disavow
renom (m) renown, good reputation
renommée (f) a reputation, renown
renouveler to renew
rénumeration (f) pay

répandre to spread
réparer à to make it up to
répit (m) a rest break
repos (m) a rest
se reposer to take a rest
réprimander to scold
réprimer to constrain, repress, suppress
reprise (f) resumption, a recovery; **à plusieurs —s** again and again
reprocher to blame
requérir to solicit, insist, require, *past participle* **requis**
réserver to put aside, set aside
ressentir to feel
rester to remain, stay, stick
retenir to hold back, keep, *past participle* **retenu**
retirer to strip, draw out
retomber sur to come back to
retour (m) a return, recurrence; **de —** returned, back
réussir à to succeed in/at
revenir to return, *past participle* **revenu; s'en — droit** to go straight back
reverdir to grow green again
revoyer to see again
rien (au monde) anything (in the world); **ne... —** nothing
à la riposte (f) with a retort
rire de to laugh about, *past participle* **ri**
rivage (m) a shore
roi (m) a king
rompre to break
rote (f) a rote: medieval string instrument (such as lyre, lute, harp)
roue (f) a wheel

rubis (m) a ruby
rusé (-e) cunning
rustre (m) lout

saccager to sack, ransack, wreck
sache *subjunctive/imperative of* **savoir** to know
sacré (-e) holy, sacred
sage wise, good
sain (-e) healthy; — **et sauf** safe and sound
saisir to grab, seize
saisissant grabbing, *present participle of* **saisir**
saluer to greet
salut (m) salvation
sanglé (-e) strapped up
sans without
sapin pine tree
sauf (-ve) safe, unharmed, intact; — **que** except (that)
sauf-conduit (m) safe passage
sauvage savage, wild
savoir to know, *past participle* **su**, *subjunctive* **je sache…;** — **bon gré à** to be well-pleased with
sceau (m) a seal
sceller to seal up
secourable helpful
secourir to come to the aid of, help, *past participle* **secouru**
secours (m) relief, help, succor
seigneur (m) master
séjourner to stay
semblant (m) an indication
sénéchal (m) seneschal
sens (m) sense, understanding, reason, direction; **bon — (m)** common sense
sensé (-e) judicious, sensible

sentir to feel, sense, smell, taste; **se — ** to feel
serment (m) oath, pledge, vow
serviette (f) towel
servir to serve
serviteur (m) servant
seuil (m) a threshold
seul (-e) alone, on one's own, only, single, unique; **une — fois** once
les siens hers/his (own people)
signe (m) a sign, signal; **faire — to** signal, communicate
sire (m) a lord
sitôt (que) as soon as
soie (f) silk thread, fabric
soierie (f) silk fabric, industrie
soigner to take care of
soin (m) care
sombre dark
sommet (m) tip, highest point
sonner to ring
sort (m) spell, fate, sort, lot
sot (-te) foolish
souche (f) a trunk
souci (m) a problem
se soucier de to worry about
soucieux (-euse) worried
soudain (-e) sudden, swift
souffrir to endure, suffer, *past participle* **souffert**
soumettre to submit, *past participle* **soumis**
soupçonné (-e) suspected
soupir (m) a sigh
sournois (-e) underhanded
sous under, at the foot of
se souvenir de to remember
stupéfié (-e) stunned
subir to undergo
suffire to be sufficient, meet one's

needs, *past participle* **suffi**

suite (f) consequence, result, continuation, remainder; **par la —** thereafter, later on

suivante (f) maiden

suivre to follow, *past participle* **suivi**

sujet (m) subject; **à mon —** directed at me

suppliant begging, *present participle of* **supplier**

supplier to plead, beg

supporter to endure

surgir to come forward

sur-le-champ on-the-spot

surprendre to surprise, *past participle* **surpris**

suspendre to hang

tâcher de to try to

taciturne quiet, not talkative

taille (f) waist, figure

tailler to cut

taillis (m) shrubbery

tant (so) much; **en — que** as; **— mieux** all the better, so much the better; **— pis** too bad; never mind

tarder à to wait, delay, long

tâter to feel around

teint (m) complexion

tel (-le) such

témoigner to show

tendre to hold out or open

tenir to take, keep, hold, *past participle* **tenu; — à** to insist on, stand by; **s'en — à** to stand by, stick by, keep to

tenter to attempt, tempt

se terminer to end

téter to nurse

tiers (m) a third

timonier (m) a helmsman

tirer à to pull to, draw to, tug at, derive; **se — de/s'en tirer** to come away clean, get out (of a situation)

tissé (e) embroidered

titre (m) a title

tomber to fall (down)

tort (m) a wrong

tôt soon, early

toucher to reach; **se —** to border upon

touffu (-e) dense

tour (f) a tower

tour (m) a turn

tourner to turn round/over/up, stir; **— autour de** to pace around; **se — to** turn into

tournoi (m) a joust

tout, toute, tous, toutes all

trace (f) a trail, trace

trainer to dangle

trait (m) a trait, look; **au — d'un arc** the distance an arrow flies

traiter to be about

traîtreusement treacherously

trancher to resolve, slice

tranquille peaceful

tressaillir to race, flinch

tricher to cheat

triompher to prevail, triumph, overcome

tromper to mislead

trône (m) a throne

trotter l'amble to trot at an amble, amble along

troublé (-e) disconcerted

troubler to disturb, be bothered

trouvaille (f) a find

trouver to find

tu (e) quiet, hushed, *past participle of*

taire
tuer to kill

usage (m) a custom, practice

val (m) a valley
valoir to be worth, *past participle*
valu; il vaut *present indicative* it is
worth
se vanter to brag, vaunt
va-t-en! beat it! scram!
veiller to wait up, stay awake, see to
it, watch over
vendre to sell
veneur (m) a huntsman
vengé (-e) avenged
se venger to take revenge, avenge
(oneself)
ventaille (f) a chin strap
ventre (m) chest, stomach
verger (m) an orchard
vergue (f) a yard: a crosspiece
supporting a boat's mast
vérité (f) truth
verset (m) a verse

vêtu (-e) clothed
veuf (-ve) widowed
vierge (f) a virgin
vieux (-ille) old
vif (-ve) living
villain (-e) ugly
vilenie (f) greed
visage (m) an expression, face
vite quickly; **au plus** — as quickly as
possible
vivre to live, *past participle* **vécu**
vivres (m.pl.) provisions, food
supplies
voile (m) a veil, sail
voisin (-e) neighboring, a neighbor
volant flying, *present participle of*
voler
voler to steal, fly
volonté (f) will
volontiers readily, willingly, gladly
vouer to devote
vouloir to want, *past participle* **voulu;**
— **rire** to be kidding

zibeline (f) a sable

Lightning Source UK Ltd.
Milton Keynes UK
UKOW051713150812

197574UK00001B/89/A